Elisabeth Niejahr

Alt sind nur die anderen

So werden wir
leben, lieben und arbeiten

S. Fischer

Satz: H & G Herstellung, Hamburg
Druck und Bindung: GGP Media GmbH, Pößneck
Printed in Germany
ISBN 3-10-053704-1

Für meinen Vater

Inhalt

Vorbemerkung

Während meines Studiums habe ich in Köln in einer Wohngemeinschaft gelebt. Wir waren zu viert und hatten oft Freunde zu Besuch, und ich erinnere mich noch gut an einige Gespräche in der Küche. Manchmal ging es darum, ob es unmoralisch sei, Kinder in diese bedrohte und ohnehin überbevölkerte Welt zu setzen. Inzwischen finden die gleichen Freunde es eher unmoralisch, keine Kinder zu bekommen. Ihre unsichere Rente beschäftigt sie mehr als die weltweite Bevölkerungsexplosion.

Der Erregungspegel bei den Gesprächen ist ungefähr derselbe wie früher, aber die Diskussion ist gekippt: Lange haben wir alle viel zu wenig über Demographie geredet, inzwischen wird die Bevölkerungsentwicklung für Krisen aller Art verantwortlich gemacht. Aus der Altersdebatte ist eine Angstdebatte geworden, eine typisch deutsche Untergangsdiskussion. Das war einer der Gründe für dieses Buch.

Der andere Grund hat mit der Rentenformel zu tun. Für mich ist sie samt der zugehörigen Bruchstriche und Tabellen ein Symbol für die Versäumnisse der deutschen Sozialpolitik. Dabei habe ich wirklich versucht, mit ihr etwas anzufangen. Als Journalistin habe ich mich jahrelang um stimmige Analysen bemüht, zunächst respektvoll, weil es dabei um die Verteilung mehrstelliger Milliardenbeträge zwischen Jungen und Alten geht und weil so viele Politiker die Verhandlungen über die Rentenformel mit größtem Ernst betreiben. Im Sommer des Jahres 2000 feilschten sie lange darüber, ob die zugehörigen Hochrechnungen bis zum Jahr 2030 oder bis 2050 reichen sollten. Ein Jahr später war die Jahrhundertreform schon wieder Makulatur. Das Ringen um die richtige Formel ging von vorne los.

Darüber zu schreiben, erschien mir zunehmend bizarr. Die Rentenprognosen interessierten mich irgendwann kaum noch, die zugrundeliegenden Annahmen dafür umso mehr. Wenn beispielsweise mehr Frauen berufstätig sind oder mehr ältere Menschen Geld verdienen und Beiträge zahlen, verändern sich die Ergebnisse gleich enorm. Entscheidend ist also, wie wir in Zukunft leben, arbeiten, forschen, erben, sparen und konsumieren werden. Wahrscheinlich müssen wir unsere Lebensentwürfe viel stärker korrigieren als unsere Versicherungssysteme. Darüber wird in Rentendebatten wenig gesprochen. Vermutlich fehlt den Sozialpolitikern dafür die Zeit. Sie haben mit den Rentenformeln, deren Korrekturen und den Korrekturen der Korrekturen ja auch genug zu tun.

Mich haben Alltag und Lebensgefühl der künftigen Altenrepublik interessiert. Für dieses Buch habe ich Orte besucht, an denen sich etwas davon erahnen lässt: Rentnerkolonien in Arizona, Schulen mit Videounterricht in Finnland, verlassene Plattenbausiedlungen in Ostdeutschland, eine Diskothek in Vietnam. Die Auswahl ist unvollständig und subjektiv. Ich bin viel umhergefahren, für einige der aufschlussreichsten Eindrücke brauchte ich mich allerdings nicht einmal fünfzig Meter von unserer Wohnung zu entfernen. Direkt unter dem Balkon liegt eine Kita – nicht irgendeine, denn ich wohne inzwischen in Berlin, Stadtteil Prenzlauer Berg. Von den Lokalmedien wurde das Quartier »Kinder-City« getauft, tatsächlich leben kaum irgendwo in Berlin so viele junge Eltern. Die meisten von ihnen sind überdurchschnittlich qualifiziert und engagiert, oft wollen sie unglaublich viel richtig machen. Englischunterricht für Vierjährige ist keine Seltenheit. Wer gleichzeitig die Schulen in Berliner Problembezirken wie Neukölln erlebt, macht sich automatisch Gedanken über soziale Ungleichheit in den kommenden zwanzig oder dreißig Jahren.

Ich gehöre zur Generation der Babyboomer: Gezeugt in den letzten Wirtschaftswunderjahren, geboren im Frühjahr 1965, großgeworden mit Ölkrise und Deutschem Herbst. Mit Gleichaltrigen verbindet mich am ehesten die Erfahrung, dass es von uns immer zu viele gab – erst in den Schulklassen, später an der Universität, dann bei den Bewerbungen für die ersten Jobs. Auch im Rentenalter wird das so sein, es wird viel mehr Alte und viel weniger Junge als heute geben. Weil wir das wissen, interessieren wir uns seit einigen Jahren für Demographie.

Zunächst dachten einige, der Konflikt zwischen Alten und Jungen sei unser Thema, und wir müssten dabei auf der Seite der Jungen stehen. So eindeutig ist das inzwischen nicht mehr. Jeder Mittvierziger, der heute Abstriche bei der Pflege oder weniger künstliche Hüftgelenke für Alte fordert, muss damit rechnen, dass er zum ersten Jahrgang der Betroffenen gehört. Die Politik setzt solche Vorschläge oft nur mit Übergangsfristen von zwanzig Jahren um. Und die Alten von morgen – das sind wir.

Vor uns liegen allerdings auch noch genug Jahre, in denen sich einiges verändern lässt. Es mag ja sein, dass alternde Gesellschaften risikoscheu und wenig innovativ sind, dass sie zu wenig Unternehmensgründer hervorbringen und sich mit Sozialreformen schwer tun – aber niemand ist gezwungen, solche Schwächen als gottgegeben hinzunehmen. Keiner der heute Dreißig-, Vierzig- oder Fünfzigjährigen muss sich in einen selbstsüchtigen, gegen die Jugend agierenden Rentner verwandeln. Niemand muss den Appell zum lebenslangen Lernen als Bedrohung oder Zumutung empfinden.

Die demographischen Herausforderungen sind offensichtlich. Dieses Buch soll mögliche Folgen beschreiben und helfen, auf den Wandel vorbereitet zu sein. Ihn im Detail vorhersagen kann und soll es nicht. Denn wie wir im gealterten Deutschland leben, lieben und arbeiten werden – diese Entscheidung liegt, zum Glück, bei uns.

1. Die Graue Revolution

Was der demographische Wandel bedeutet, lässt sich mit einem Radiergummi vorführen. Man stelle sich vor, auf einer Deutschlandkarte würde ein Ort nach dem anderen ausradiert: erst Lübeck, dann Magdeburg, schließlich Erfurt oder Kassel. Ungefähr 200 000 Einwohner müssten die Städte haben, denn so stark wird nach Prognosen der Vereinten Nationen die Bevölkerung Deutschlands mittelfristig pro Jahr schrumpfen. Am Ende der kleinen Vorführung wäre das Jahr 2050 erreicht. Die Landkarte hätte 46 blanke Stellen. Wo Städte eingezeichnet waren, blieben nur noch weiße Flecken übrig.

Man kann das Spiel auch anders spielen. Dafür müsste man auf der Deutschlandkarte nichts ausradieren, sondern die Fläche vom Bodensee bis zur dänischen Grenze allmählich rot schraffieren. Rot würde Stadtgebiet bedeuten. Pro Jahr kämen bei diesem Experiment 3,4 Millionen Zuwanderer ins Land. Auch diese Zahl stammt von den Bevölkerungsexperten der Vereinten Nationen: So viele Neuankömmlinge mittleren Alters wären nötig, damit trotz der rapiden Alterung der Alteingesessenen das Durchschnittsalter nicht steigt. Am Ende des Spiels, im Jahr 2050, würden in Deutschland schließlich 300 Millionen Menschen leben. Es gäbe keine unbesiedelten Gebiete mehr. Die ganze Karte wäre rot.

Deutschland altert unaufhaltsam, und es altert schnell. So schnell, das zeigen die beiden Statistiken, dass sogar massive

Zuwanderung oder ein neuer Geburtenboom diesen Prozess allenfalls leicht bremsen könnten. Die Zahl von 300 Millionen Deutschen mag absurd hoch erscheinen, sie erklärt sich jedoch durch den Doppeltrend aus Geburtenrückgang und Alterung. Wären die Deutschen nur von einer der beiden Entwicklungen betroffen, so ließe sich leichter Abhilfe finden. So jedoch steht fest, dass wir in zwanzig bis dreißig Jahren in einem Land der Alten leben werden, einer Altenrepublik.

Deutschland schrumpft und altert leise. Mit dem demographischen Wandel verhält es sich wie mit dem Wachstum eines Kindes. Die Familie sieht es größer werden, aber das geschieht langsam und beständig, so dass es nicht auffällt. Es sind Außenstehende, Besucher, die sagen: »Mein Gott, ist der aber groß geworden!« Wer den Wandel täglich erlebt, hält ihn für selbstverständlich. Und vieles erschließt sich ja auch erst auf den zweiten Blick: Die schmucken, frisch restaurierten Fassaden ostdeutscher Städte täuschen über Schrumpfungsprozesse in den neuen Bundesländern hinweg. Und in ganz Deutschland ist die Bevölkerung wegen der Zuwanderung der vergangenen Jahre zuletzt sogar gewachsen, was ebenfalls den Blick für die bevorstehenden Schwierigkeiten verschließt. Die Trendwende steht erst noch bevor.

Die aktuellen Probleme der Rentenversicherung haben mit Demographie nichts zu tun, im Gegenteil: Heute sind die Vertreter der geburtenstarken Jahrgänge beschäftigt oder suchen Jobs. Sie zahlen deshalb meist selbst in die Rentenkasse ein, oder die Arbeitslosenversicherung übernimmt das für sie. So günstig wird das Verhältnis zwischen Beitragszahlern und zu versorgenden Rentnern in den kommenden zwanzig Jahren vermutlich nicht wieder sein. Aus der Sicht von Demographen leben die Deutschen momentan noch in goldenen Zeiten.

Auch deshalb war die Öffentlichkeit lange merkwürdig desinteressiert an der grauen Revolution, die das Land in den kommenden Jahren radikal verändern wird. Rainer Münz, der lange Zeit Professor für Bevölkerungswissenschaft an der Berliner Humboldt-Universität war, hielt seinen Studenten vor, sie würden das Problem niedriger Geburtenraten wahrscheinlich erst im Rollstuhl erkennen – wenn niemand mehr da sei, um sie zu schieben.

Inzwischen sind viele Deutsche aufgewacht. In den vergangenen zwei Jahren ist das Interesse am demographischen Wandel explodiert, in Volkshochschulen, Talkshows und vielen Expertenrunden war die Rede davon. Städte haben sogar »Demographiebeauftragte« installiert – vergleichbar den Umweltbeauftragten oder Frauenbeauftragten, die man seit den achtziger Jahren kennt. Vor allem die Medien, und dort die Generation der Babyboomer, zeigen enormes Interesse. Wenn zum Beispiel ein Hersteller von Babybrei beschließt, seine Waren den Bewohnern von Pflegeheimen anzubieten, ist das den Zeitungen mittlerweile riesige Berichte wert.

Alter – das letzte Tabu

Dennoch ist es noch nicht selbstverständlich, die öffentliche Debatte und die eigene Zukunft gedanklich zu verbinden. Es gibt heutzutage nicht mehr viele Tabuthemen. Aber das Altern gehört nach wie vor dazu. Nach dem Geburtsjahr von anderen wird nicht gefragt, bei den eigenen Daten wird gern geschummelt. Fast alle Rentner fühlen sich Umfragen zufolge deutlich jünger, als sie sind. Das lässt sich als Folge von Vitalität und Lebensfreude deuten – oder als Zeichen kollektiven Realitätsverlusts. Alt sind immer nur die anderen. Jeder will alt werden, keiner will alt sein.

Wer Produkte oder Dienstleistungen für Ältere anbietet, kennt das Problem: Der Mittsechziger bucht eine Busreise ins Ausland, steigt in ein Fahrzeug voller Rentner und kommt sofort entsetzt wieder heraus, stöhnt: »Da sind ja nur alte Leute!« Der Mittsiebziger engagiert sich für den Bau eines Seniorenwohnheims in der Nachbarschaft, ohne auch nur eine Sekunde daran zu denken, dass er selber dort einziehen könnte.

Die Darmstädter Schader-Stiftung, die sich seit Jahren mit den Folgen der Alterung für Stadtplanung und Wohnungsbau beschäftigt, beschrieb diesen Hausbewohnertypus in einer Studie über ein Frankfurter Wohnviertel und resümierte: »Der Glaube an die Fähigkeit, sein eigenes Leben selbstständig zu gestalten, wird oft bis zum Selbstbetrug aufrechterhalten.« Das gilt für den Einzelnen, und es gilt für das ganze Land: Über Altern, das eigene und das der anderen, machen wir uns alle gern etwas vor – auch wenn neuerdings häufiger davon die Rede ist.

Beim Umgang von Alt und Jung stimmt etwas nicht in Deutschland, es läuft etwas falsch in den Personalabteilungen, in den Kreditinstituten, an den Universitäten, in der Politik. Wie soll man es auch verstehen, dass der beinahe 80-jährige Alan Greenspan zwar als amerikanischer Notenbankchef die internationalen Finanzströme lenken darf, aber bei einigen deutschen Banken wegen seines fortgeschrittenen Alters keinen Kredit bekommen würde? Bei einigen Banken gibt es eine strikte Altersgrenze von 70 oder 68. Diese Grenze gilt auch für Kunden mit Sicherheiten, wie beispielsweise einem Eigenheim. Wer älter ist, wird abgelehnt.

Wie soll man begreifen, dass angesehene Wissenschaftler in die Vereinigten Staaten auswandern müssen, wenn sie jenseits der Pensionsgrenze weiter forschen und lehren wollen? Ganz ohne Altersgrenzen für den Ruhestand geht es zwar nicht, weil sonst die Jungen aus den attraktivsten Jobs zu lange ausgesperrt blieben. Aber wenn selbst Spitzenkräfte ohne Wenn und Aber vertrieben werden, ist das System fehlerhaft. Und wie soll es einleuchten, dass Innenminister Otto Schily zwar als über 70-Jähriger eines der wichtigsten Ressorts der rot-grünen Regierung leiten kann, dass ebendiese Regierung aber 58-jährige Arbeitslose generell nicht mehr in ihren Statistiken vermerkt?

Es handelt sich um Zehntausende: Eine Studie der Bertelsmann-Stiftung ergab, dass in kaum einem Industrieland so wenig Menschen über 55 beschäftigt sind. Nur jeder dritte Mann zwischen 60 und 64 in Deutschland ist noch berufstätig, in den Vereinigten Staaten jeder Zweite. In den meisten anderen Industrieländern gibt es Gesetze gegen solche bizarren Regeln, in Deutschland hat die Debatte darüber gerade erst begonnen. Eine eigens zu diesem Thema gegründete Kölner Initiative, das Büro gegen Altersdiskriminierung, fand jahrelang nicht einmal bei den Gewerkschaften wirklich Unterstützung. Vielleicht liegt es daran, dass sie selbst die Praxis der Frühverrentung lange gefordert und forciert haben.

Es kommt noch das spezifisch deutsche Problem hinzu: Wer hierzulande ein Wort wie »Bevölkerungspolitik« überhaupt in den Mund nimmt, muss sehr genau überlegen, was er sagt – eine Folge des Rassenwahns der Nazis. Wegen der spezifisch deutschen Vergangenheit gibt es hierzulande auch so wenig Demographie-Lehrstühle wie in kaum einem anderen europäischen Land. Nicht nur die Bevölkerungspolitik, auch die Bevölkerungsforschung war im Nachkriegsdeutschland in Verruf geraten. Bei internationalen Fachkongressen sei die deutsche Delegation oft kleiner als die finnische, sagt James Vaupel, der Leiter des Max-Planck-Instituts für Demographie in Rostock.

Vor allem bei den Diskussionen der Außenpolitiker spielten Demographie-Argumente lange keine Rolle. Andere Nationen gehen selbstverständlich davon aus, dass der Machtkampf zwischen Staaten auch in Kreissälen und Wochenbetten entschieden werden kann. Außenpolitiker der Vereinigten Staaten verweisen gern auf ihre hohe Fertilitätsrate, man preist sie als Garant für Innovationskraft und Dynamik an. Chinesen reden ganz selbstverständlich von Europa als »vergreisendem Kontinent« – obwohl ihnen die eigene Politik der strengen Geburtenkontrolle vermutlich bald ähnliche Probleme bereiten wird wie vielen Europäern. Israelis haben den Kinderreichtum der Palästinenser fest im Blick: Die palästinensischen Frauen bringen durchschnittlich 5 Kinder zur Welt, die israelischen Frauen kommen im Schnitt auf 2,9 Geburten. Erweisen sich die gängigen Bevölkerungsprognosen als korrekt, wird es in 50 Jahren mehr Palästinenser als Israelis geben.

In Deutschland wäre womöglich der Streit über die Osterweiterung der Europäischen Union anders verlaufen, wenn demographische Argumente wichtiger genommen würden. Nirgendwo ist der Geburtenrückgang so dramatisch wie in den Ländern des ehemaligen Ostblocks. Auf der Liste der Nationen mit den niedrigsten Geburtenraten werden die ersten zehn Plätze von osteuropäischen Ländern belegt. Estland, Bulgarien, die Ukraine, Russland und Lettland stehen an der Spitze. Osteuropa wird zum Altersheim der Welt. Aus diesen Ländern werden die Pflegekräfte kaum kommen können, die sich dereinst um die bettlägerigen deutschen Babyboomer kümmern sollen – und falls sie sich doch um unsere Alten von morgen kümmern, werden sie derweil in ihren eigenen Ländern von ihren ebenfalls hilfebedürftigen Eltern und Großeltern schmerzlich vermisst werden. In der Türkei wiederum ist die Geburtenrate deutlich höher als in allen westeuropäischen Ländern.

Man kann den Politikern nicht vorwerfen, das Altersthema völlig zu ignorieren. Bei den Debatten über die Zuwanderung, die Renten- und Gesundheitspolitik oder auch die Sanierung der öffentlichen Haushalte klangen in den vergangenen Jahren die Warnungen der Bevölkerungsexperten häufig durch. Nur schlugen sich diese Einsichten lange nicht in der politischen Praxis nieder. Im ersten Regierungsjahr machte sich die rot-grüne Regierung noch allen Ernstes für eine »Rente ab 60« stark – trotz aller Empfehlungen von Fachleuten, die Lebensarbeitszeit nicht zu verkürzen, sondern zu verlängern.

Noch im Wahlsommer des Jahres 2002 war im so genannten »Hartz-Konzept« für die Reform des Arbeitsmarktes ein Brückengeld vorgesehen, das Älteren den vorzeitigen Ausstieg aus dem Arbeitsleben erleichtern sollte. Am selben Tag, an dem das Papier von der zuständigen Kommission beschlossen wurde, feierte der Erfinder und Volkswagen-Vorstand Peter Hartz seinen 61. Geburtstag und verkündete fröhlich: »Einen wie mich würde ich doch auch nicht mehr einstellen.« So schizophren können Politiker und ihre Berater sein.

Heute findet sich kein führender Politiker, der die Praxis der Frühverrentung öffentlich verteidigt. Doch diese Sicht der Dinge ist bei den meisten von ihnen erst zwei, drei oder vier Jahre alt. Für die Spitzen der Wirtschaft gilt das Gleiche:

Als die Bundesvereinigung der Deutschen Arbeitgeberverbände (BDA) Anfang der neunziger Jahre einen Leitfaden zum Umgang mit älteren Beschäftigten vorstellte, der Alternativen zur Frühverrentung formulierte, stieß sie damit bei vielen Mitgliedsunternehmen auf Kritik. Denn nicht nur die Politiker und die Gewerkschaften, sondern vor allem auch die großen deutschen Industrieunternehmen haben den »goldenen Handschlag« jahrelang gern genutzt.

Das größte Versäumnis aber ist ein anderes: Keiner Partei, keinem Institut und keinem Autor ist es bisher gelungen, ein stimmiges Bild der gealterten Gesellschaft von morgen zu entwerfen. In zwanzig bis dreißig Jahren werden die geburtenstarken Jahrgänge in Rente gehen. Die Sozialsysteme werden dadurch bis aufs Äußerste strapaziert. Das ist seit vielen Jahren bekannt. Aber wie wird sich der Alltag ändern, was heißt das alles für die Verteilungsdebatte, wie ändern sich Risikobereitschaft und Unternehmergeist, wenn plötzlich mehr als ein Drittel der Einwohner Deutschlands über 60 Jahre ist? Wie kommt unser auf Wachstum ausgerichtetes Wirtschaftssystem damit zurecht, dass es weniger Konsumenten im Inland geben wird? Kapitalismus und Schrumpfung – passt das überhaupt zusammen?

Vom Osten lernen

Für Inspirationen brauchen zumindest die Bundestagsabgeordneten nicht einmal weit zu reisen. Weiße, bevölkerungsleere Flecken auf der deutschen Landkarte gibt es heute schon. Die Welt von morgen mit verwaisten Höfen und menschenleeren Dörfern beginnt kurz hinter der Stadtgrenze von Berlin. In fast allen ostdeutschen Kommunen sind die Einwohnerzahlen seit der deutschen Vereinigung dramatisch gesunken. 1,3 Millionen Wohnungen stehen in den neuen Bundesländern leer. In Städten wie Cottbus oder Hoyerswerda, Leipzig oder Schwedt werden ganze Straßenzüge abgerissen. »Rückbau« nennen Architekten und Städteplaner das beschönigend. Gemeint ist Abbau Ost.

In Zahlen liest sich die Bevölkerungsimplosion so: Rostock minus 18 Prozent, Magdeburg minus 16 Prozent, Cottbus minus 12 Prozent, Greifswald minus 17 Prozent. Momentan ist diese Entwicklung noch zu einem Drittel auf die ungünstige Altersstruktur zurückzuführen und zu zwei Dritteln auf Abwanderung. In wenigen Jahren schon wird es umgekehrt sein, weil sich vor allem die jungen, qualifizierten Ostdeutschen verabschieden, die Alten aber bleiben. Dann wird man sich erst recht an den Anblick von Geisterstädten gewöhnen, belebt allenfalls durch Wochenenddomizile wohlhabender Berliner und das eine oder andere Pflegeheim.

In den Kleinstädten dürfte es mehr Geschäfte für Prothesen als für Kinderspielzeug geben. Gut möglich, dass die Ampelphasen länger dauern und die Mittelstreifen etwas breiter sind, wie heute schon in einigen Seniorensiedlungen in Arizona oder Florida. Es wird Streit darüber geben, wie viel von der Infrastruktur an Krankenhäusern, Straßen, Busverbindungen oder Schulen noch beizubehalten ist. In zahlreichen Kommunen laufen diese Debatten längst. Rückbau – das bedeutet Schließung von Schulen, Theatern, Freibädern, Sporthallen. Es bedeutet steigende Gebühren für Abwasser oder Straßenreinigung für die Verbleibenden – wenn die Kanalisation nicht, wie in einigen ostdeutschen Städten, schlicht überdimensioniert ist und zu hohen Kosten komplett erneuert werden muss.

Das Büro für Zukunftsgestaltung in Essen untersuchte im Auftrag des Umweltbundesamtes, wie sich Verkehrspolitiker und Raumplaner heute schon auf den bevorstehenden demographischen Wandel einstellen könnten. Eigentlich müssten zum Beispiel bei der Autobahnplanung demographische Prognosen eine Rolle spielen – schließlich sei die Infrastruktur ja für die kommenden 50 Jahre gedacht, erklärten sie. »Europa wird in Zukunft wieder sehr viel mehr Wälder haben als heute«, prognostiziert Meinhard Miegel, Leiter des Instituts für Wirtschafts und Gesellschaft in Bonn. Nur einige große Städte in Ostdeutschland wird der Bevölkerungsrückgang nicht in voller Härte treffen. Vor allem Berlin wirkt auf viele junge Menschen wie ein Magnet.

Die Ökonomie des Alterns

Es gibt momentan viele und sehr unterschiedliche Warnsignale, die auf Wohlstandseinbußen in der Altengesellschaft von morgen hindeuten. Das Institut für Weltwirtschaft in Kiel beispielsweise rechnet mit einem Rückgang der Wirtschaftsleistung Deutschlands um jährlich 0,4 bis 1,0 Prozent. Nicht nur die Bildungsmisere von heute wird morgen den Wohlstand schmälern. Vielen Anlegern ist immer noch nicht klar, dass der demographische Wandel neben der staatlichen Rente auch die verschiedensten Varianten privater Vorsorge trifft. Wenn die heutigen Babyboomer in Rente gehen, werden sie einen Teil ihrer Aktien und Immobilien verkaufen müssen, um ihren längeren Ruhestand zu finanzieren. Der Bevölkerungsschwund dürfte gerade dann dazu führen, dass es weniger Käufer gibt und die Preise fallen. Auch die eigene Wohnung oder das eigene Haus eignen sich deshalb – von hervorragenden Lagen abgesehen – weniger als in den vorangegangenen Jahrzehnten zur Altersvorsorge.

Auch viele Hoffnungen auf große Erbschaften dürften sich als Illusion erweisen. Die Generation der heute 60-Jährigen lebe und konsumiere anders als die Nachkriegsgeneration ihrer Eltern, warnt das Deutsche Institut für Altersvorsorge. Der Ruheständler von heute freue sich nach dem Arbeitsleben auf Auslandsreisen und teure Hobbys, die Ansprüche seien höher, Rücklagen würden früher aufgezehrt. Den Kindern werde deshalb weniger hinterlassen.

Und noch eine verbreitete Erwartung ist vermutlich falsch: Die gängige Annahme, dass die demographische Entwicklung automatisch Entlastung auf dem Arbeitsmarkt bringt. Zunächst scheint es zwar plausibel, dass sich die Lage entspannt, wenn weniger junge Menschen Stellen suchen.

Doch nach dieser Logik dürfte es eigentlich schon heute kaum noch Jugendarbeitslosigkeit geben. Die Teenager von heute, geboren Mitte der achtziger Jahre, gehören schon zu den geburtenschwachen Jahrgängen. Doch die Rechnung geht nur mit flexibleren Arbeitsmärkten und großen Anstrengungen in der Bildungspolitik auf. Ansonsten wird es weiterhin Millionen Arbeitslose ganz ohne oder mit nur schwer verwertbaren Qualifikationen und obendrein offene Stellen geben, für die händeringend Kandidaten benötigt werden. »Mismatch«-Arbeitslosigkeit nennen Ökonomen das.

Als noch größerer Irrtum dürfte sich die Annahme erweisen, dass der Verteilungskonflikt zwischen Arm und Reich durch den demographischen Wandel und damit durch Interessengegensätze von Jungen und Alten überlagert oder sogar abgelöst wird. Das ist häufig zu lesen, wahrscheinlicher ist das Gegenteil: Beides wird es geben, Verteilungskämpfe zwischen Wohlhabenden und sozial Schwachen und zwischen Jung und Alt. Und diese Konflikte dürften härter ausgetragen werden als bisher. Gerade bei den Älteren im Osten sind Einkommen und Lebensstile heute noch sehr einheitlich. Altersarmut ist eine Ausnahmeerscheinung, hohe Vermögenseinkünfte allerdings auch. Man lebt weitgehend von den Renten.

Das wird in Zukunft anders sein. Die Renten werden niedriger ausfallen, nicht nur wegen diverser Rentenreformen und einem sinkenden Versorgungsniveau, sondern auch deshalb, weil viele Jüngere später in den Beruf einsteigen als die Generation ihrer Eltern. Zu den Verlierern zählen dann die Langzeitarbeitslosen und die Langzeitstudenten von heute, auch die gering verdienenden Selbständigen sowie nicht berufstätige Väter und Mütter. Sie zahlen in die Rentenkassen kürzer ein und erwerben weniger Ansprüche.

Privates Vermögen wird eine größere Rolle spielen, und auch die Familie dürfte eine ihrer alten Rollen zunehmend zurückgewinnen: Sie wird noch stärker als heute zuständig sein für Transfers zwischen Alt und Jung, auch deshalb, weil die Generationen wieder enger zusammenrücken. Das ist heute schon zu beobachten – in manchen Familien entsteht diese Familiensolidarität freiwillig, in anderen durch staatlichen Zwang. Bei Wohlhabenden übernehmen die Eltern die Finanzierung des Studiums in Oxford und den Kauf der Eigentumswohnung, in dem die junge Familie der Tochter lebt. Außerdem bezahlen sie für die Schwiegermutter den teuren Platz im Altenheim.

Bei sozial Schwachen sorgt der Staat dafür, dass Angehörige füreinander einstehen. Schon heute ziehen viele Kommunen immer aggressiver die Angehörigen von Pflegefällen oder Sozialhilfeempfängern zur Finanzierung von Sozialleistungen heran. Was die Sozialämter auszahlen, holen sie sich bei Eltern oder Kindern zurück. Der soziale Status wird wieder stärker vererbt oder durch Heirat erzielt.

Das kann eigentlich nicht ohne Folgen für die politischen Debatten der Zukunft bleiben. In den vergangenen Jahren haben sich die ideologischen Fronten in der Familiendiskussion auf bemerkenswerte Weise verschoben. Die ideologischen Gegensätze schwinden: Der politischen Linken gilt der Einsatz für Kinder und Familien längst nicht mehr als spießig und reaktionär. Sozialdemokraten und Grüne machten die Familienpolitik im Wahljahr 2002 zu einem zentralen Kampagnenthema. Konservative wiederum freunden sich zunehmend mit dem Rollenbild der berufstätigen Mutter und der Ausbreitung staatlicher Ganztagsbetreuung an.

Noch ist diese Diskussion unvollständig, gerade bei der Linken. Denn es gibt einen natürlichen Konflikt zwischen dem Ziel der Chancengleichheit und dem Wunsch, das gefährdete Biotop der Kleinfamilie zu stärken. Darüber wurde bisher wenig gesprochen. Es ist aber kaum vorstellbar, dass die Familie wieder stärker in das Zentrum der Gesellschaft rückt, ohne dass es für die Zukunft eines Kindes noch stärker als bisher dadurch bestimmt wird, ob es Arzttochter oder Sohn eines Sozialhilfeempfängers ist.

Es ist kein Zufall, dass gerade die Generation der 68er sich mit dem Ideal der Kleinfamilie schwer tat und mit anderen Formen des Zusammenlebens experimentierte. Die Studentenbewegung setzte sich damit nicht nur von spießiger Nachkriegs-Erziehung ab; die Frauenbewegung hat sich, etwas später, nicht nur von machohaften Vätern distanziert. Es ging um noch etwas anderes: Viele Arbeiterkinder erlebten die Bildungsexpansion der siebziger Jahre als unverhoffte Chance, den von der Familie gesteckten engen Grenzen zu entkommen. Die Distanz zum Elternhaus war verbunden mit dem Wunsch nach Entwicklungschancen, sozialer Mobilität. Einige, denen der Aufstieg aus kleinen Verhältnissen in dieser Zeit gelungen ist, gehören inzwischen zum rot-grünen Kabinett: An der Spitze der Kanzler, dessen Mutter das Geld für die Familie mit Putzjobs zusammentrug und sein Außenminister Joschka Fischer, der Metzgerssohn und Ex-Taxifahrer, der das Gymnasium ohne Abitur verließ. Eine Truppe von Aufsteigern regiert das Land.

Frauen altern anders

Auch das Verhältnis der Geschlechter wird sich mit dem demographischen Wandel zwangsläufig verändern. Frauen altern anders als Männer, sie erleben körperlichen Verfall früher, oft länger und meist bewusster. Die Lebensphase, in der sie eine Familie gründen können, ist viel kürzer. Falls sie dieses Zeitfenster nicht nutzen, müssen sie sich häufiger als Männer dafür rechtfertigen, dass sie keine Kinder haben.

In der Vergangenheit haben viele Frauen im Gegensatz zu ihren männlichen Lebensgefährten erfahren müssen, dass sich Familie und Beruf nicht ohne weiteres verbinden lassen – in der gealterten Gesellschaft der Zukunft dürften viele von ihnen bei dem Versuch scheitern, die Pflege von Eltern mit Berufstätigkeit zu kombinieren. Je mehr Frauen Vollzeitstellen haben und je mobiler die Arbeitnehmer der Wissensgesellschaft sind, desto seltener wird das klassische Modell funktionieren, wonach die Tochter oder Schwiegertochter die alte Mutter pflegt. Die Generation der Babyboomer wird andere Strukturen schaffen müssen. Noch hantiert die Sozialpolitik mit einem antiquierten Frauenbild.

Es ist bezeichnend, dass zwei große Feministinnen umfangreiche Bücher über das Alter und das Altern geschrieben haben: Betty Friedan und Simone de Beauvoir. Einige Erfahrungen der Frauen und der Grauen ähneln sich: Fraugruppen haben oft betont, dass sie eine gesellschaftliche Mehrheit repräsentieren. Das änderte aber nichts daran, dass ihre Themen fast immer wie Anliegen von Minderheiten behandelt wurden. Die Lebenssituationen von Frauen waren stets so vielfältig, dass es nur in Ausnahmesituationen gelang, gemeinsame Interessen zu artikulieren.

Den Alten von morgen könnte es ähnlich gehen. Denn was verbindet schon den pensionierten Top-Manager, der im Alterswohnsitz auf Mallorca gelegentlich Enkel und Urenkel verwöhnt, mit dem vereinsamten und nach langer Arbeitslosigkeit besitzlosen Rentenempfänger aus Cottbus oder Hoyerswerda? Warum sollte der politisch engagierte linksliberale Studienrat aus Freiburg im Rentenalter plötzlich Gemeinsamkeiten mit seinem erzkonservativen Nachbarn, einem Polizisten im Ruhestand, entdecken? Es spricht nicht viel dafür, dass sich die Alten von morgen oft zusammenraufen. Die Gründung einer Rentnerpartei ist so unwahrscheinlich wie die einer Frauenpartei. Auch für das Stimmverhalten bei wichtigen Wahlen wird das Alter nur selten entscheidend sein.

Zur großen Gruppe der Rentner gehören heute schon Angehörige verschiedener Generationen mit unterschiedlichen Prägungen, Lebensstilen und Gewohnheiten. Einen agilen 60-jährigen Frührentner trennt vom Alltag seiner pflegebedürftigen, bettlägrigen 85-jährigen Mutter möglicherweise mehr als vom Leben der 38-jährigen berufstätigen Tochter. Dennoch wird oft pauschal von Ruheständlern gesprochen. In Zukunft wird das Bewusstsein für die Unterschiede steigen, und gleichzeitig wird eine andere Debatte zu führen sein: Wie erstrebenswert ist es überhaupt, die Lebenserwartung immer weiter zu steigern, wenn die körperlichen und geistigen Kräfte in den Jahren vor dem Tod dramatisch schwinden? Sollte man, wie der Altersforscher Paul Baltes mahnt, lieber darauf setzen, den letzten Jahren mehr Leben hinzuzufügen als dem Leben zusätzliche Jahre?

Vor allem Singles und kinderlose Paare erschreckt heute schon die Aussicht auf anonyme Massenabfertigung in überfüllten Pflegeheimen, auf Altersdepressionen und Einsamkeit. Einige Babyboomer reagieren bereits mit demonstrativem Selbstmitleid. »Wir werden die Welt hässlich machen, wenn wir lebensgierige alte Säcke geworden sind«, schrieb ein Vertreter der Generation in der »Süddeutschen Zeitung« und bangte: »Wer wird uns anlächeln, wenn wir achtzig sind?«

Gesellschaften haben viele Möglichkeiten, auf die demographische Herausforderung zu reagieren. Die Entwicklung der Bevölkerung lässt sich zwar recht genau vorhersagen, die sozialen und ökonomischen Konsequenzen jedoch nicht. Wie ein Land mit Veränderungen fertig wird, hängt nur zum kleinen Teil an Sozialreformen. Mindestens so wichtig sind zum Beispiel die Bildungs- und Familienpolitik, die Integration von Ausländern oder auch die Flexibilisierung der Arbeitsmärkte.

Die wichtigsten und auch schwierigsten Veränderungen der kommenden fünfzehn Jahre stehen jedoch in den Unternehmen an. Hier hat sich der Jugendwahn in der Vergangenheit besonders krass entfaltet; hier dürfte der Markt schon bald Veränderungen erzwingen, weil es in absehbarer Zeit zu wenig qualifizierte Fachkräfte geben wird. Viele Personalchefs und Führungskräfte werden durch den demographischen Wandel schon in den kommenden Jahren extrem gefordert sein – mehr, als mancher sich momentan eingestehen mag.

Das Ende der Altersdiskriminierung zu fordern ist leicht. Neue verlässliche und funktionierende Regeln für den Umgang mit dem Alter in der Arbeitswelt zu finden, ist schwer. Denn das Senioritätsprinzip, wonach Gehalt, Prestige und Status automatisch mit den Jahren stiegen, mag überholt sein – für alle Beteiligten, Alte und Junge, war es oft sehr bequem. Es half, viele innerbetriebliche Konflikte zu vermeiden. Komplizierte Diskussionen über Beförderungen und Aufstiegschancen wurden dadurch oft überflüssig – es war ja für jeden leicht ersichtlich, wer als Nächster mit einem Bonus rechnen konnte und warum er ihn bekam.

In einer Arbeitswelt ganz ohne Senioritätsprinzip müssen die Vorgesetzten in jedem Einzelfall neu festlegen, wie viel Leistung, Erfahrung oder auch jugendliche Frische zählt. Mancher Mitarbeiter wird sich ungerecht behandelt fühlen, einige werden sich zurücksehnen nach der Zeit, als nach Lebensjahren und Betriebszugehörigkeit bezahlt und befördert wurde. Der Wandel erfordert von allen Beteiligten Menschenkenntnis, Fairness und viel Kommunikation.

Der einzige Trost dabei ist, dass diese Eigenschaften ohnehin das beste Rüstzeug für die Altenrepublik von morgen und übermorgen sein dürften. Die gängigen Klischees vom Alter werden immer weniger stimmen. Die Alten von morgen werden noch heterogener als die Rentner von heute sein. Umso wichtiger ist eine realistische Einschätzung, was sie können – als Mitarbeiter, Eltern, Kunden, Chefs. Die Babyboomer sollten dabei bedenken, dass die heutigen Debatten über Rentenkürzungen und künstliche Hüftgelenke nur der Auftakt für die Verteilungskonflikte der Zukunft sind.

Sie werden sich in voller Wucht entfalten, wenn sie selbst älter als sechzig sind. Deshalb empfiehlt es sich, beizeiten die Tonart anzuschlagen, in der man selber in Zukunft angesprochen werden will.

2. Wachstum und Wohlstand

Beginnen wir auch dieses Kapitel mit einem Gedankenexperiment: Stellen wir uns vor, eine Stadt wie Hamburg würde über Nacht die Hälfte ihrer Einwohner verlieren. Alle Häuser, Schulen, Autos, Bäume und Parkplätze blieben unverändert stehen, nur die Menschen wären plötzlich verschwunden. Was wäre die ökonomische Konsequenz? So zynisch es klingen mag: Das Pro-Kopf-Einkommen der Überlebenden würde deutlich steigen. Rein rechnerisch könnte jeder Hamburger plötzlich über die doppelte Zahl an Kühlschränken, Fernsehern und Wohnfläche verfügen. Jeder Einzelne hätte mehr Geld und Platz und würde auf dem Weg zur Arbeit weniger Zeit im Stau verbringen.

Natürlich kämen andere Effekte hinzu. Das Angebot an Waren, die Zahl der Arbeitgeber und der Konsumenten würde sich verschieben und damit die gesamte ökonomische Struktur. Insofern wären die endgültigen Auswirkungen pro Person schwer zu erfassen. Aber das Beispiel zeigt, dass eine Gesellschaft allein durch den Rückgang ihrer Bevölkerung nicht automatisch ärmer wird, im Gegenteil. Zunächst verfügen weniger Menschen über mehr Ressourcen, mitunter auch über mehr Zeit: Wenn Eltern nicht drei oder vier Kinder, sondern nur ein Einzelkind erziehen, können sie ihrem Nachwuchs mehr Aufmerksamkeit widmen und eine bessere Ausbildung finanzieren.

Es mag aus vielerlei Gründen wünschenswert sein, dass Kinder mit Gleichaltrigen, möglichst Geschwistern, aufwachsen. Aber hier geht es nicht um die Frage, wie sich Sozialverhalten am besten erlernen lässt, sondern nur um die ganz unmittelbaren ökonomischen Folgen einer stagnierenden oder rückläufigen Bevölkerung. Diese Folgen, das soll das Beispiel zeigen, sind vielschichtiger als die öffentliche Debatte über den demographischen Wandel vermuten lässt.

Dass der Wohlstand eines Landes durch seine sinkende Einwohnerzahl gefährdet werden kann, ist ohnehin eine vergleichsweise neue Sicht der Dinge. Die Geschichte lehrte meistens eher das Gegenteil. Ein besonders drastisches Beispiel sind die Pestepidemien des ausgehenden Mittelalters. Ganze Landstriche wurden damals entvölkert, Hunderttausende starben. Das führte dazu, dass sich Grundstücke und Ackerflächen auf weniger Köpfe verteilten, pro Person mehr Kapital gebildet wurde und der Lebenstandard in Europa stieg. Wirtschaftshistoriker haben die Pest im Nachhinein deshalb als eine der Voraussetzungen für die Entstehung des Frühkapitalismus bezeichnet. Ökonomen haben später ähnlich argumentiert: Schnell wachsende Bevölkerungen galten als Gefahr für den Wohlstand eines Landes. Und tatsächlich sind junge, kinderreiche Gesellschaften bis heute meistens arm – Länder wie Bangladesh oder Indien sind Beispiele dafür.

Den genauen Zusammenhang zwischen Bevölkerungsentwicklung und Wirtschaftswachstum hat die Wirtschaftswissenschaft nie geklärt. Schon 1798, vor mehr als zweihundert Jahren, warnte der Geistliche Thomas Robert Malthus in seinem nationalökonomischen Klassiker »An Essay in the Principle of Population« vor zu viel Bevölkerungswachstum. Kinderreichtum werde angesichts knapper Ressourcen zwangsläufig zu Hunger und Elend führen, behauptete er. Fast zeitgleich beschrieben Bevölkerungsoptimisten um den britischen Wissenschaftler William Godwin das Gegenteil: Mehr Menschen, hieß es nun, bedeuteten mehr Arbeitskräfte, damit eine bessere Arbeitsteilung und mehr Produktivität.

Sicher ist jedenfalls, dass der Zusammenhang heute nicht einseitig ist: Die Menschen haben weniger Kinder, weil sie zu Wohlstand gekommen sind. Und weil sie weniger für die Unterstützung ihrer Familien ausgeben müssen, können sie wiederum mehr Kapital bilden. Das müssen sie allerdings auch tun, wenn sie im Alter nicht in Schwierigkeiten kommen wollen.

Es gibt noch eine zweite Lektion des Gedankenspiels mit der halbierten Hamburger Bevölkerung: Verteilungsfragen werden wichtiger, wenn Bevölkerungszahlen sinken. Denn es ist ja nur rechnerisch so, dass – um beim Eingangsbeispiel zu bleiben – in einer schrumpfenden Gesellschaft jeder Überlebende mit einer steigenden Anzahl von Häusern, Grundstücken oder Autos rechnen kann. Tatsächlich wird in einer Erbengesellschaft das verbleibende Vermögen ungleich verteilt.

Der individuelle Wohlstand hängt deshalb im gealterten Deutschland vermutlich viel stärker als in der alten Bundesrepublik von Herkunft und Familie ab. Wir werden uns an einen Gedanken gewöhnen müssen, der für die meisten Briten und Franzosen selbstverständlich ist: Wir leben nicht in einer »nivellierten Mittelstandsgesellschaft«, wie der Soziologe Helmut Schelsky in den Nachkriegsjahren behauptet hatte, sondern in einem Land mit klaren und schwer überwindbaren sozialen Gegensätzen. Davon wird später noch ausführlicher die Rede sein.

Die Kosten der Alterung

Zunächst geht es darum, welche Folgen der demographische Wandel für den Wohlstand eines Landes hat. Wenn die Entwicklung der Einwohnerzahl nicht entscheidend ist – warum eigentlich gilt es dann bei den meisten Fachleuten und Politikern als ausgemacht, dass in einem Land mit alternder und sinkender Bevölkerung die Wachstumsraten zurückgehen und die ökonomischen Probleme zunehmen?

In den meisten europäischen Ländern werden in Zukunft zwei Faktoren zusammenwirken: Der Rückgang der Bevölkerung und ihre Alterung. Ökonomisch bedeutungsvoll ist vor allem der zweite Faktor. Der Bevölkerungsrückgang allein – der zudem durch Zuwanderung gedämpft werden kann – ist weniger bedrohlich. Er führt zu zwei Sorten von Problemen: Erstens zu einem Abbau von Infrastrukur. In schrumpfenden Gesellschaften ist das kaum zu vermeiden. Schulen müssen schließen, Buslinien rentieren sich nicht mehr, Krankenhäuser müssen fusionieren. Wenn sich Bevölkerungszahlen so abrupt ändern wie derzeit in Ostdeutschland, fallen diese Umstellungskosten erheblich ins Gewicht. Bei längeren Übergangszeiten sind sie eher zu bewältigen.

Das zweite Problem ist die sinkende Nachfrage. Wenn in Deutschland weniger Menschen leben, lassen sich hierzulande weniger Zeitungen, Joghurtbecher oder Strumpfhosen verkaufen. Industrielle Kapazitäten bleiben ungenutzt, sie müssen umgewidmet oder verkleinert werden. Dieser Prozess trifft nicht alle Anbieter gleichermaßen. Ihn spüren vor allem jene Bereiche der Wirtschaft, die von den Härten des globalen Wettbewerbs in den vergangenen Jahren weitgehend verschont blieben, weil sie ihre Güter und

Dienstleistungen ausschließlich auf dem Binnenmarkt anboten. Viele Globalisierungsgewinner werden Demographieverlierer sein.

Taxifahrer, Friseure oder auch Journalisten genossen in den vergangenen zwanzig Jahren einen unschätzbaren Vorteil gegenüber Beschäftigten in Exportbranchen: Anders als beispielsweise die Volkswagen-Facharbeiter mussten sie praktisch keine Konkurrenz von billigeren Arbeitskräften in Indien oder China fürchten. In einer schrumpfenden Gesellschaft wird die Ausrichtung auf den Binnenmarkt jedoch ein Nachteil sein: Exportbranchen von der Autoindustrie bis zum Marmeladenproduzenten können versuchen, den einheimischen Konsumentenschwund auf wachsenden Auslandsmärkten auszugleichen. Allen anderen bleibt nur, sich auf die ergraute Kundschaft clever einzustellen. Schon jetzt gibt es dafür viele Beispiele. Anbieter von Babywindeln zum Beispiel stellen sich auf Rentner mit Blasenschwächen ein und benennen ihre Produkte neu: statt »Windeln« heißen sie »Inkontinenzhilfen«. Hersteller von Babybrei setzen auf Mahlzeiten für alte Menschen mit Verdauungsproblemen und dritten Zähnen.

Für sämtliche Unternehmen, den Bäcker an der Ecke ebenso wie für Daimler-Chrysler, ist aber letztendlich ausschlaggebend, ob und wie schnell die Kaufkraft der ergrauten Gesellschaft wächst. Entscheidend dafür sind einerseits die Kosten der Alterung, andererseits die Wachstumskräfte in der gealterten Republik. Wer versucht, beides gegeneinander aufzurechnen, macht eine eigentümliche Erfahrung: Ganze Heerscharen von Ökonomen, Soziologen, Psychologen und Statistikern haben versucht, die Kosten zu erfassen. Über die Chancen ist kaum etwas bekannt.

Mit der Alterung wird der Druck wachsen, mehr Geld

von den Arbeitenden auf die Rentner zu verteilen. Damit steigen entweder die Arbeitskosten oder die Steuern oder beides. Das Wachstum der Wirtschaft wird gedämpft. Inzwischen ist zwar bekannt, dass die Sozialsysteme für Rente, Pflege und Gesundheit vom demographischen Wandel massiv betroffen sein werden. Das Ausmaß wird allerdings noch immer unterschätzt. Die Rentenreformen der Jahre 1999 und 2002 dürften noch diverse Nachfolgerinnen haben und auch die staatlichen Versprechen für die Pensionen von Beamten werden nicht zu halten sein. Die Lebensarbeitszeit wird steigen – die meisten der heute Berufstätigen werden länger als bis zum 65. Lebensjahr beschäftigt sein, allerdings nicht immer in Vollzeit-Jobs. Man wird auch in Deutschland künftig mehr Rentner sehen, die in Supermärkten Dosen einsortieren, Zeitungen austragen oder kleine Kinder hüten, damit das Geld für die Miete reicht. Schon heute werden Mini-Jobs für 400 Euro besonders stark von Pensionären nachgefragt.

Schlüsselfaktor Produktivität

Die hohen Ausgaben für Renten und für Pflegeleistungen wären am ehesten zu verschmerzen, wenn sich die Altengesellschaft von morgen als hochproduktiv erweisen würde. Lange Zeit, bis in die neunziger Jahre hinein, ging die Mehrheit der deutschen Sozialpolitiker und mit ihnen viele Wissenschaftler ganz selbstverständlich davon aus. Es war die Zeit, in der Norbert Blüm, damals noch Arbeitsminister der Kohl-Regierung, fast unwidersprochen behaupten konnte, die Renten seien »sicher«. Einige Fachleute glaubten, dass sich die Arbeitslosigkeit demographisch erledigen werde:

Wenn nicht mehr die geburtenstarken Jahrgänge, sondern eine kleinere Zahl junger Menschen auf den Arbeitsmarkt dränge, werde die Beschäftigung automatisch wieder steigen und damit auch das Rentenproblem handhabbar werden. Sie irrten sich: Heute ist gerade in Ostdeutschland zu sehen, dass Fachkräftemangel und Arbeitslosigkeit nebeneinander bestehen können.

Blüm selbst warnte davor, sich von der bekannten Kennzahl erschrecken zu lassen, wonach demnächst fast jeder Beitragszahler einen Rentner zu versorgen hat. »Nach der Kopfzahltheorie müssten wir eigentlich verhungert sein«, sagte er. Früher habe schließlich ein Bauer nur drei Konsumenten versorgen müssen, heute kämen auf einen Landwirt mehr als achtzig Verbraucher. Alles kein Problem bei steigender Produktivität.

Die größte deutsche Gewerkschaft argumentiert bis heute ganz ähnlich: »In der Vergangenheit hat unsere Gesellschaft einen stärkeren Anstieg der über 65-Jährigen bewältigt, als dies in den nächsten 50 Jahren zu erwarten ist«, heißt es in einer ver.di-Broschüre mit dem Titel »Mythos Demografie«. Die ver.di-Rechnung geht so: Vor über hundert Jahren kamen auf eine Person über 65 Jahre rund zwölf Erwerbsfähige. 2000 waren es gerade noch vier. Aus Sicht der heutigen Demographie-Experten sei das doch ein dramatischer Rückgang, schreiben die Gewerkschafter: »Und dennoch ist in dieser Zeit der Sozialstaat in Deutschland nicht ab-, sondern umgebaut worden.« Ausschlaggebend sei eben nicht in erster Linie die Alterung, sondern die Entwicklung der Produktivität, die Bekämpfung der Arbeitslosigkeit und die Erwerbsbeteiligung der Frauen.

Beide Argumentationsmuster stammen allerdings aus der gedanklichen Welt des Industriezeitalters, in der Sprünge in der Produktivität leichter zu organisieren waren. Es ist nicht ausgeschlossen, dass sich in einzelnen Bereichen, etwa der Pharmaindustrie und der Biotechnologie, die Sprünge der Vergangenheit wiederholen lassen. In vielen Wachstumsbranchen der kommenden Jahre wird dies jedoch schwierig sein. Dazu gehören Bereiche wie der Markt für Gesundheitsdienstleistungen, wo Produktivitätssteigerungen schwerer zu erreichen sind. Bei der Pflege alter Menschen zum Beispiel lässt sich Effizienz nicht so einfach steigern wie beim Mähen von Kornfeldern oder in der Autoproduktion – und wo es möglich wäre, ist zu fragen, wie wünschenswert das ist.

Ver.di und auch Blüm übersehen zudem, dass Produktivitätssteigerungen auch ohne Demographieprobleme nötig wären, damit die deutsche Wirtschaft im internationalen Wettbewerb bestehen kann. Andere Länder haben mindestens so gute Chancen, die Effizienz ihres Wirtschaftens zu steigern – und das mit geringeren Kosten durch die Alterung. Das Mannheimer Forschungsinstitut Ökonomie und Demographischer Wandel hat errechnet, dass bis zum Jahr 2020 die Produktivität um etwa fünfzehn Prozent steigen müsste, um die Kosten der Alterung auszugleichen. Das allein ist schon ein ehrgeiziges Ziel. Um gleichzeitig gegenüber der Konkurrenz im Ausland nicht zurückzufallen, sind viel größere Anstrengungen nötig.

Die Angst vor der Ideen-Lücke

So bleibt den Deutschen gar nichts anderes übrig, als Kraft, Zeit, Ideen und Energien ihrer alternden Mitarbeiter künftig effizienter zu nutzen. Wenn es an Jungen mangelt, müssen die Alten möglichst lange jung bleiben – körperlich jung und jung im Kopf. Oft wird einfach behauptet, dass dies kaum möglich sei – alternde Gesellschaften seien zwangsläufig weniger innovativ und risikoscheu. »Ohne höhere Geburtenraten bekommen wir keine Dynamik, keine Innovation, keine Kraft«, sagt der bayerische Ministerpräsident Edmund Stoiber.

Sein früherer Kollege, der ehemalige sächsische Ministerpräsident Kurt Biedenkopf, zweifelt weniger an den Fähigkeiten alter Menschen als am Innovationsdruck einer alternden Kultur. Er fragt, ob es nicht für jedes Land wichtig sei, dass viele junge Menschen in wichtige Positionen nachrücken wollen, Etabliertes in Frage stellen, und dadurch die bereits erfahrenen mittleren und älteren Jahrgänge zu höheren Leistungen anspornen. Biedenkopfs Überlegungen sind nachvollziehbar, womöglich machen sie die Lage allerdings noch schwieriger, als sie ohnehin schon ist: Je weniger alten Menschen und alternden Gesellschaften Innovationen zugetraut werden, desto unwahrscheinlicher werden sie.

Beispielhaft für diesen Mechanismus ist eine Veröffentlichung der Rating-Agentur Standard & Poors vom Herbst des Jahres 2003. Die Finanzexperten der Agentur beurteilen die Kreditwürdigkeit von Unternehmen, aber auch von Staaten oder einzelnen Bundesländern. Dabei spielt der Anteil alter Menschen eine gewichtige Rolle. »Eine ungünstige Altersstruktur kann ein Grund sein, ein Land herabzustufen«, sagt Christian Esters, Analyst bei Standard & Poors. »Bevölkerungsschwund ist ein Teufelskreis«, heißt es in dem Thesenpapier der Agentur. »Meistens gehen die Jungen und Qualifizierten, und die zurückgebliebenen Älteren sind weniger in der Lage, Neues anzuregen und die Initiative zu ergreifen, um den Niedergang aufzuhalten.«

Ausdrücklich nennen die Experten das Land Sachsen-Anhalt als Beispiel: Die Bevölkerung sei seit 1990 um zehn Prozent zurückgegangen, was nicht nur die Wirtschaftskraft schwächte, sondern auch noch die Zuwendungen aus dem Länderfinanzausgleich beträchtlich verringerte, weil diese an die Einwohnerzahl gekoppelt sind. Alte Menschen gelten als wenig innovativ, viele alte Menschen bedeuten ein schlechtes Rating, das wiederum schreckt möglicherweise Investoren ab. Damit verschlechtert sich die Wirtschaftslage weiter. Die Abwärtsspirale, von der die Analysten schreiben, verstärken sie mit ihrem Rating also selbst.

Für die Wissenschaft ist der Zusammenhang zwischen Erfindungsreichtum und Alter nicht so eindeutig. Es gibt viele Untersuchungen zu der Frage, wann und warum Innovationen entstehen – sie fallen sehr unterschiedlich aus. Wagen wir deshalb zunächst einen Blick in eine Altbauwohnung in Berlin-Mitte. Sie gehört Regine, einer Kollegin in den Fünfzigern. Sie bewohnt drei Zimmer und eine große Küche, alles hell und geräumig. Edle alte Kirschbaum-Möbel, die mit dem Parkettboden harmonieren, stehen neben schlichten Regalen. Es überwiegen Naturfarben, nur im Schlafzimmer fällt ein Ikea-Store mit großen bunten Blumen auf. Alles hat Stil und wirkt doch irgendwie lässig, vieles ist besonders, aber nichts aufdringlich.

Kürzlich hat Regine in einer Frauenzeitschrift darüber geschrieben, dass sie an ihrer Wohnung nichts mehr verändern will. Irgendwann müsse Schluss sein mit den Neuanfängen, mit der Lust, plötzlich die Wände in Fliederfarben oder in Hellgrün zu tapezieren. Früher probierte sie ihre hübschen Kommoden und Schränke immer mal wieder in neuen Ecken aus, Möbelrücken war nahezu ein Hobby von ihr. Einmal im Jahr wanderte die ganze Einrichtung herum.

Und heute? Regine findet, alles stehe am richtigen Platz. So soll es bleiben, besser geht es nicht. Und es fehlt auch nichts. »Vielleicht gibt es eine bestürzende Studie über den Zusammenhang zwischen Alter und Umräumen«, sagt Regine. »Bei mir hat die Experimentierlust abgenommen. Es würde mich schon in Verlegenheit bringen, wenn mir jemand eine rote Tasse schenken würde.«

Diese Geisteshaltung hat Meinhard Miegel, Leiter des Instituts für Wirtschaft und Gesellschaft in Bonn, als typisch für das Deutschland des Jahres 2030 ausgemacht. »Der Puls Deutschlands wird in drei Jahrzehnten ruhiger schlagen«, glaubt Miegel, der sich seit fast dreißig Jahren mit Fragen des demographischen Wandels befasst. »Die Fünzigjährigen werden dann die Bevölkerungsachse bilden, die Hälfte der Bevölkerung wird jünger, die andere Hälfte älter sein – und das verleiht ihrem Denken und Fühlen zusätzliches Gewicht.« Was für deren Lebensgefühl dann typisch ist? »Die Phase der Gipfelstürmerei ist für die meisten vorüber, viele sehnen sich wieder nach den Annehmlichkeiten der Ebene«, glaubt Miegel. »Man möchte das Erreichte genießen. Das ist nicht wenig. Aber es wird weniger.«

Es ist ein ruhiges, friedliches, aber auch undynamisches Land, das der Forscher in seinem Szenario beschreibt. Ein Land, das im internationalen Wettbewerb immer weiter zurückfällt, ohne dass sich die Mehrheit seiner Bürger daran besonders stört. »Wirtschaftswachstum bedeutet nicht nur Wohlstandsmehrung, sondern immer auch die Zerstörung von Überkommenem«, sagt Miegel. »Dagegen leistet eine alternde Gesellschaft größeren Widerstand als junge Kulturen. Alte Menschen wollen ruhiger, zurückgezogener leben und halten an Vertrautem fest.«

Miegels Szenario klingt einleuchtend. Nur kennt er offensichtlich Regine nicht. Sie ist nämlich ein aktiver und umtriebiger Mensch, ständig mit neuen Ideen und Projekten beschäftigt. Sie scheint die Energie, die sie nicht mehr für das Arrangieren ihrer Möbel einsetzt, sinnvoll für anderes zu verwenden. Und vielleicht ist das ja ein Zukunftsmodell: Warum eigentlich soll Lebenserfahrung nicht Konzentration auf Wesentliches erleichtern, statt Passivität und Langeweile hervorzurufen? Mehrere Jahrezehnte Berufserfahrung könnten im Idealfall dazu führen, dass Konflikte nicht etwa generell gemieden, sondern ausgetragen werden, wenn es wirklich lohnt. Und wer schon viel im Leben gesehen hat, könnte besonders gut geeignet sein, oberflächliche Moden von wirklichen Innovationen zu unterscheiden.

Ausgerechnet Miegel und Stoiber, die ja beide Alterung mit nachlassender Dynamik gleichsetzen, sind übrigens Männer jenseits der sechzig. Bei beiden hat die Schaffenskraft in den vergangenen Jahren nicht spürbar abgenommen: Miegel, Geburtsjahrgang 1939, dürfte selten so viel öffentliche Resonanz erzielt haben wie mit seinem Buch »Die deformierte Gesellschaft«, das im Jahr 2002 erschien. Und Stoiber, Geburtsjahrgang 1941, schickte sich als 61-jähriger an, im Wahljahr 2002 Bundeskanzler zu werden.

Vorsprung durch Alter

Die Nacht vor seinem Tod muss der französische Mathematiker Evariste Galois wie im Rausch verbracht haben. Erst schrieb er seine wichtigsten mathematischen Erkenntnisse auf, anschließend verließ er das Haus, um sich zu duellieren. »Irgendetwas brachte diesen jungen, zwanzigjährigen Mann dazu, in einer Nacht brillante Ideen zu formulieren und einer Frau wegen in den Tod zu gehen«, schreibt der neuseeländische Psychologe Satoshi Kanazawa in einer Studie über die Innovationskraft unterschiedlicher Altersgruppen. »Ich bin überzeugt, dass in beiden Fällen der gleiche psychologische Mechanismus verantwortlich war.«

Kanazawa ging der Frage nach, warum wegweisende Erfindungen so häufig von jungen Männern gemacht werden. Vor allem Mathematikern, Physikern, Biologen und Chemikern gelang der Durchbruch meistens deutlich vor dem dreißigsten Lebensjahr. Es gibt dafür sehr unterschiedliche Erklärungen, ernsthafte und auch skurrile. Kanazawas Schrift gehört eher in die zweite Kategorie. Er verglich den Schaffensdrang von Wissenschaftlern mit dem von Kriminellen und stellte bei beiden Gruppen einen Höhepunkt kurz vor der Heirat fest. Ausschlaggebend sei der Wunsch nach Anerkennung beim anderen Geschlecht, schrieb Kanazawa – wie beim Anfang des neunzehnten Jahrhunderts lebenden Mathematiker Galois. Innovationskraft ist demnach auch nicht an ein bestimmtes Alter gebunden, nach einer Scheidung kann ein Wissenschaftler wieder zu seiner Top-Form kommen. Produktivität, die Kanazawa als Kombination aus Genialität und Anstrengung definiert, wäre demnach vor allem eine Frage des Testosterons.

Dieser Ansatz dürfte kaum reichen, um sämtliche Spitzenleistungen verschiedener Altersgruppen zu erklären. Altersforscher im In- und Ausland betonen, dass es keinen unmittelbaren Zusammenhang zwischen Jugendlichkeit und Innovationskraft gibt. Sie würden wohl auch Albert Einstein nicht zustimmen, der einst behauptete, ein Mensch, der nicht vor seinem dreißigsten Geburtstag einen großen Beitrag zur Wissenschaft geleistet habe, werde dies niemals tun. Mit steigendem Alter fällt es Menschen zwar schwerer,

Neues aufzunehmen und zu speichern. Die Fähigkeit, Wissen anzuwenden, bleibt allerdings gleich – oder sie steigt. Für die Erfindungsungskraft können beide Eigenschaften wichtig sein, deshalb kommt es eher auf die Rahmenbedingungen an.

Es gibt viele Kniffe, mit denen Menschen lernen, altersbedingte Schwächen auszugleichen – ungefähr so, wie ein menschliches Auge lernen kann, eine Sehschwäche des zweiten Auges zu kompensieren. Der Philosoph Odo Marquard, Jahrgang 1928, hat in einem Gespräch über das Alter geschildert, wie er bei Unterhaltungen plötzliche Gedächtnislücken überspielt: »Man redet viel langsamer als früher. Wenn einem bestimmte Worte nicht einfallen, umschifft man die, benutzt eben andere«, erzählte er. »Für Außenstehende ist das wahrscheinlich kaum zu merken. Aber mir bereitet es ein gewisses Vergnügen, diese Technik zu beherrschen. Ich nenne es Slalom-Technik.«

Entscheidend für die Innovationskraft ist, ob Arbeitnehmer gewohnt seien, immer wieder Neues aufzunehmen – ob also Lernfähigkeit erwartet, gefordert und gefördert werde, sagt Martina Morschhäuser, Demographie-Expertin beim Institut für Sozialforschung und Sozialwirtschaft in Saarbrücken. Viele Erfahrungen weisen in diese Richtung: »In der betrieblichen Praxis gibt es das Problem der Innovationsschwäche älterer Mitarbeiter praktisch nicht«, sagt Michael Astor vom Basler Prognos-Institut. Im Gegenteil: Gerade Ingenieure, Zeichner oder Konstrukteure, die Astor als Träger von Innovationswissen betrachtet, blieben bei den Frühverrentungswellen meistens außen vor.

Eine Untersuchung des Verbandes der Deutschen Maschinen- und Anlagenbauer (VDMA) kam zu einem ähnlichen Ergebnis: Viele ostdeutsche Unternehmen, die Personal abbauten, hätten dabei gern an den Älteren festgehalten – wegen deren Ideen und Know-how. Dass sie sich oft anders entschieden, lag daran, dass die staatliche Option der Frühverrentung die einfachste Form des Personalabbaus war. Auch eine groß angelegte Untersuchung des Bundesministeriums für Bildung und Forschung zum Zusammenhang von Demographie und Erwerbsarbeit ergab, dass alte Menschen in vielen Betrieben »zu den Innovationsmotoren und Ideengebern« gehören.

So viel Lob für den Erfindungsreichtum älterer Menschen könnte beinahe misstrauisch stimmen. Schließlich kennt jeder auch Gegenbeispiele von Beschäftigten, die über die Jahre bequem geworden sind und wenig in Frage stellen. Sie müssen allerdings nicht typisch für die Innovationskraft eines gealterten Landes sein – darauf weisen Untersuchungen von Innovationsforschern hin, die ökonomische Rahmenbedingungen für die Gründung innovativer Firmen untersuchen.

Danach entstehen solche Unternehmen häufig in Zeiten, in denen es wenig Chancen für junge, ehrgeizige Wissenschaftler in etablierten Firmen gab. Das Silicon Valley mit seinen Hightech-Unternehmen formierte sich beispielsweise in einer Zeit, in der das Pentagon die Aufträge für kalifornische Wissenschaftler reduzierte und die kalifornischen Edelhochschulen wie die Stanford University einen Teil ihres Nachwuchses auf den freien Markt entließen. Offenbar kommt es nicht nur auf Kreativität und Intelligenz an, damit Neues entsteht – es muss auch ein gewisser Druck von außen da sein.

Auf jeden Fall gibt es keine Naturgesetze, wonach alternde Gesellschaften automatisch zu Ideenwüsten werden. Die Innovationskraft einzelner Menschen und ganzer Nationen hängt von vielen Faktoren ab – das Alter ist einer der unwichtigsten. Wie eingefahren und langweilig ergraute Belegschaften sind, ist keine Frage der Biologie, sondern der Kultur.

3. Arbeit

Auf den Flughäfen erkennen sie sich ohne viele Worte. Oft treffen sie sich in Frankfurt, manchmal auch erst in Peking oder in Shanghai. Sie sind Reisende im Rentenalter, auf die das Wort »Ruheständler« nicht passt. Man könnte sie die »China-Bellheims« nennen, nach Mario Adorf und seinen Freunden, die in der Fernsehserie »Der große Bellheim« ein Kaufhaus sanierten. Auch sie retten Betriebe. Dafür fliegen sie um die halbe Welt.

Mehr als fünfhundert deutsche Fachleute setzt der Senior-Experten-Service der Bundesregierung pro Jahr allein in China ein. »Das ist eine richtige Völkerwanderung, so viele von uns fahren da hin«, sagt Martin Schädler, ein ehemaliger technischer Betriebsleiter einer süddeutschen Papierfabrik. Alle haben ihr erstes Arbeitsleben hinter sich, häufig als Ingenieure. Für die Gastgeber ist der Einsatz oft ein gutes Geschäft: Außer der Unterkunft zahlen sie den Experten nur ein Taschengeld von umgerechnet etwa zehn Euro pro Tag.

Als Schädler 1996 zum ersten Mal nach China fuhr, war er 61 und die ganze Reise noch ein echtes Abenteuer. Schädler fuhr damals vom Flughafen über löchrige Pisten durch die Provinz Shandong. Auf den Straßen waren fast nur Radfahrer unterwegs, oft mit Anhängern für schwere Güter. Damals arbeitete Schädler in einem kleinen Staatsbetrieb, der auch mit größten Anstrengungen nicht mehr zu retten war. Seitdem ist er fünfmal in China gewesen. Sein siebzigster Geburtstag rückt näher, aber er hat längst noch nicht genug. Bei den Einsätzen geht es inzwischen ohnehin komfortabler zu. »Die Autobahnen, die Fertigungshallen – oft ist das inzwischen so modern wie bei uns«, sagt er. »Nur wächst alles viel, viel schneller.«

Schädler würde seine Kenntnisse auch gern in der Heimat nutzen. Er fühlt sich noch nicht zu alt, um damit etwas anzufangen. In einer Schule im württembergischen Müllheim versucht er, Jugendliche für das Energiesparen zu begeistern. Ein mühseliges Geschäft. »Gentechnik, das wäre wahrscheinlich ein Hit«, sagt er. »Aber mit meinem Thema hat man es bei denen schwer.«

Man könnte den Experten-Treck nach China für symbolträchtig halten – dafür, wie die Deutschen mit dem Alter und den Alten umgehen. Während der deutsche Sozialstaat die Frühverrentung agiler Techniker finanziert, nutzen Chinesen deren Expertise. Man könnte in Gedanken den Flugzeugen traurig hinterherwinken und überlegen, wie viel Know-how mit jedem Senioren-Treck im Namen der Entwicklungspolitik das Land verlässt. Man könnte also den hiesigen Umgang mit dem Erfahrungswissen älterer Menschen für völlig falsch und wachstumsfeindlich halten, wären da nicht andererseits Unternehmer wie Ottmar Fahrion, ein Mittelständler mit Sitz in Schädlers Nachbarschaft.

Fahrion gehört zu jener Spezies von Familienunternehmern, die in ihrer Region verwurzelt sind und gleichzeitig auf fast allen Kontinenten Geschäfte machen. Der 1941 geborene Firmenchef spricht Schwäbisch und besitzt zwei Wiesen auf der Schwäbischen Alb. Die Fabrikhallen, die Fahrion und seine 90 Mitarbeiter entwerfen, stehen in Russland, China oder Griechenland.

Der Mittelständler hat etwas gewagt, was in der deutschen Arbeitswelt nicht mehr selbstverständlich ist: Er hat nach und nach 28 Männer eingestellt, die kaum jünger waren als er selbst. Zunächst war das eine Notlösung. Jüngere waren in der konjunkturellen Hochphase der Jahre 2000 und 2001 entweder schwer zu bekommen oder wurden von Kunden und Konkurrenten schnell wieder abgeworben. Also suchte Fahrion gezielt nach Älteren.

Er hat es bis heute nicht bereut. Die neuen Kollegen konnten innerhalb kürzester Zeit anspruchsvolle Projekte betreuen, und sie erwiesen sich als besonders flexibel und mobil. Als eine Stelle in den Vereinigten Staaten zu besetzen war, hatte Fahrion eigentlich einen Mann im mittleren Alter dafür vorgesehen. »Drei Mitarbeiter haben abgewinkt«, erzählt der Firmengründer: »Der eine wollte wegen seiner berufstätigen Frau nicht weg, der andere hatte gerade ein Haus gebaut und der Dritte hing an seinem Sportverein.« Einer der Oldies bekam die Stelle.

Es gibt sie also: Firmen, die heute schon Wissen und Engagement von Älteren zu schätzen wissen. Noch sind sie Pioniere, Vorboten einer Entwicklung, die in den kommenden Jahren einen Großteil der deutschen Wirtschaft erfassen wird. Die Haltung zu älteren Arbeitnehmern ändert sich allmählich, nur schlägt sich das noch nicht in Neueinstellungen nieder. Das liegt allerdings auch daran, dass derzeit generell nicht viele neue Arbeitsplätze entstehen. Rainer Schmidt-Rudloff, Personalpolitik-Experte bei der Bundesvereinigung der Deutschen Arbeitgeberverbände, spricht bereits vom »Trendwechsel« in den Personalabteilungen: Abschied vom Jugendwahn, Beginn einer Erfahrungs-Renaissance.

In zehn bis fünfzehn Jahren werden die Älteren gebraucht, die Qualifizierten allemal. »Auch wenn man es sich heute kaum vorstellen kann: Ein Fachkräftemangel auf mittlere Sicht wird immer wahrscheinlicher«, schreiben die Wissenschaftler Alexander Reinberg und Markus Hummel vom Institut für Arbeitsmarkt- und Berufsforschung. Die Zahl der verfügbaren Arbeitskräfte wird – eine gleich bleibende Zuwanderung vorausgesetzt – von heute fast 41 Millionen bis zum Jahr 2050 auf knapp 34 Millionen sinken.

Das wird nicht automatisch allen feste Jobs bringen, die Arbeitsplätze wollen. Für die Jugendlichen, die heute vergeblich nach Lehrstellen suchen und von Arbeitgebern unter anderem wegen ihrer schlechten Grundausbildung abgewiesen werden, stehen auch dann nicht unbedingt die Türen offen. Entscheidend wird die Arbeitsmarktpolitik der kommenden zehn Jahre sein. Vielleicht gelingt es, einen Großteil der steigenden Zahl gering qualifizierter Jugendlicher doch noch gut genug auszubilden. Vielleicht werden sich viele von ihnen in einem Niedriglohnsektor durchschlagen müssen. Vielleicht tut sich nichts, das wäre die deprimierendste Variante: Die jungen Leute blieben arbeitslos, obwohl die Unternehmen Fachkräfte suchen. Qualifizierte Arbeitnehmer allerdings dürften gesucht werden. Viele aus der Generation der Babyboomer werden dazugehören, vor allem, wenn sie während ihres Arbeitslebens das Lernen nicht eingestellt haben.

Viele werden allerdings auch arbeiten müssen, weil die staatliche Altersversorgung weniger auszahlt und die private Vorsorge in vielen Fällen nicht reicht. Viele Rentner werden in irgendeiner Form arbeiten, nicht immer in festen Stellen, häufig auch in Gelegenheitsjobs: Der Bankmanager wird Berater, der Techniker repariert Fernseher, der gering Qualifizierte verdient ein paar Euro als Aushilfe im Supermarkt. Das Arbeitnehmer-Dasein endet nicht mit der Rente, es verändert sich. Für die meisten aus der Generation der heute Dreißig- bis Vierzigjährigen wird dies nur einer von mehreren Neuanfängen in ihren Berufsbiographien sein. Sie haben nur in Ausnahmefällen damit rechnen können, lebenslang den gleichen Posten in der gleichen Branche zu behalten. Wer Ende der neunziger Jahre in der New Economy arbeitete, hat rasante Aufstiege und Fälle aus der Nähe miterlebt. Vermutlich fallen deshalb Neuanfänge und improvisierte Arbeitsverhältnisse auch im Alter weniger schwer.

Besonders die vielen gut ausgebildeten Frauen aus der Generation der Babyboomer werden ein Umdenken forcieren, vor allem wenn sie Kinder haben. Auf Mütter passten die klassischen Berufsbilder von stetigem beruflichen Aufstieg, lebenslanger Firmenmitgliedschaft und ununterbrochener Erbwerbstätigkeit ohnehin noch nie. Sie haben seit langem praktiziert, was Forscher als Lebensmodelle der Altenrepublik beschreiben: Neuanfänge mit Ende dreißig oder Mitte vierzig, Teilzeitjobs, vorübergehende Selbständigkeiten anstelle der klassischen Abfolge Ausbildung-Beruf-Ruhestand.

»Zukünftige Generationen werden unsere Lebensläufe einmal als irrational bezeichnen«, glaubt der Altersforscher James Vaupel. »Wir komprimieren unser Arbeitsleben in die Zeit, in der wir Kinder bekommen und großziehen könnten. Wenn wir knapp sechzig Jahre alt sind, gehen wir in Rente und genießen Jahrzehnte, die zumeist aus den Sozialabgaben jüngerer Eltern, die gleichzeitig für ihre eigenen Kinder aufkommen müssen, finanziert werden. Wir verschieben die Freizeit unseres Lebens auf jene Jahre, in denen wir keine Kinder mehr zeugen können und die eigenen Kinder unsere Zeit und Kraft kaum noch benötigen.« Der Forscher ist überzeugt, dass eine »Ära der Umverteilung von Arbeit« bevorsteht: »Zukünftige Generationen werden wahrscheinlich die Arbeit derart neu verteilen, dass jüngere Menschen mehr Zeit für Kinder und deren Erziehung haben und ältere Menschen ihnen dabei helfen, indem sie länger im produktiven Arbeitsleben bleiben.«

Vaupel ist ein fröhlicher, optimistischer Mann, ein zwischen Rostock und Dänemark pendelnder Kanadier, der gelegentlich den Kopf über die finstere deutsche Demographie-Debatte schüttelt. Ein professioneller Mutmacher. Falls sein Szenario Wirklichkeit wird, dürfte bis dahin noch einige Zeit vergehen. Aber wenn sich mehr Menschen darauf einstellen, neunzig zu werden und bis Mitte siebzig einigermaßen gesund zu bleiben, werden fünfzigjährige Studenten, sechzigjährige Unternehmensgründer, aber auch Ruhephasen für Mittdreißiger nicht exotisch, sondern selbstverständlich sein. Die Alten von morgen hat man sich also als bunten Haufen vorzustellen – einige im Ruhestand, andere in Hochleistungsjobs, wieder andere an der Universität.

Der mühselige Abschied vom Senioritätsprinzip

Schon lange malen Zukunftsforscher, Soziologen und Psychologen ein Bild vom Betrieb der Zukunft, in dem das Alter für Aufstiegschancen nicht länger entscheidend ist. Sie verkünden den Abschied vom alten Senioritätsprinzip, wonach Gehalt, Status, Sicherheit und Prestige eines Arbeitnehmers mit den Jahren selbstverständlich stiegen. Als Automatismus existiert dieses Prinzip zwar ohnehin nur noch im öffentlichen Dienst. In den Köpfen vieler Arbeitnehmer aus ganz unterschiedlichen Branchen ist es jedoch bis heute sehr präsent.

Natürlich will jeder nach zwanzig Jahren im Job besser dastehen als ein Anfänger. Natürlich hofft jeder, Erfahrung werde honoriert. Und nach wie vor geben viele Arbeitnehmer in Umfragen an, dass ältere Menschen bessere Chefs sind, dass sie besser führen und motivieren können. Die neueren Veränderungen der Arbeitswelt – flachere Hierarchien, flexiblere Arbeitszeiten, mehr Eigenverantwortung – empfindet längst nicht jeder als Gewinn. Mancher sehnt sich nach einer Vaterfigur, die Verantwortung übernimmt.

»Die Vorstellung vom kontinuierlichen Aufstieg sitzt in Deutschland sehr tief«, sagt Hilke Brockmann, Demographieexpertin und Soziologie-Professorin an der Universität Bremen. »Bei Befragungen sagen die Menschen regelmäßig, sie wollten lieber am Ende des Berufslebens als in der Mitte oder am Anfang viel verdienen, obwohl dies rein ökonomisch gesehen eigentlich nicht sinnvoll ist.« Zu viel entscheidet sich im Alter bis 35, manchmal bis vierzig – wer in diesem Alter ohne festen Job ist, wird es oft lange bleiben.

Viele, die glauben, »draußen« zu sein, resignieren – darunter Frauen, die glauben, nach der Geburt von Kindern ohnehin keinen attraktiven Arbeitsplatz mehr zu finden. Das System ist auch deswegen unfair, weil es vor allem den optimalen Berufseinstieg honoriert. Sofort nach der Berufsausbildung oder nach der Hochschule gute Jobs zu ergattern, ist aber für verschiedene Jahrgänge je nach wirtschaftlicher Lage unterschiedlich schwer. Die Vertreter der geburtenstarken Jahrgänge hatten es großenteils leichter als die heute Dreißigjährigen.

Die bevorstehenden Veränderungen in der Arbeitswelt sind ähnlich weitreichend und anstrengend, wie sie es im Privatleben in den vergangenen zwanzig Jahren schon vielfach gewesen sind. Dort sind viele Alterskategorien längst durcheinander geraten: In den Patchwork-Familien der mehrfach Geschiedenen gehören Geschwister verschiedenen Generationen an; Neffen werden vor ihren Onkeln geboren. Ähnliche Muster werden auch im Wirtschaftsleben selbstverständlicher. Berufsanfänger begegnen immer häufiger Mitgliedern des Top-Managements, die kaum älter sind als sie selbst – aber dafür jünger als einige Kommilitonen, mit denen sie eben noch Examen machten.

Der Abschied vom Aufstieg durch Alter wird kommen, aber er wird für die Beteiligten schwierig sein – für Alte und für Junge, für Arbeiter, Angestellte und für ihre Chefs. Dabei klingt zunächst einfach und einleuchtend, was zu tun ist: Die Forderung, Alte nicht zu diskriminieren, sondern nach ihren tatsächlichen Leistungen und Fähigkeiten zu bezahlen und zu fördern, ist weit verbreitet. Viele Politiker wollen sie sogar in einem Antidiskriminierungsgesetz fixieren. »Während wir alle Lebensentscheidungen des ersten Lebensviertels von Tests, Prüfungen und überprüfbaren Leistungen abhängig machen, fällen wir in der letzten Hälfte des Lebens existenzielle Entscheidungen auf der Ebene von Vorurteil, Intuition und statistischer Durchschnittserwartung«, schreibt auch Frank Schirrmacher, Herausgeber der *Frankfurter Allgemeinen Zeitung*, in seiner Philippika gegen die Diskriminierung alter Menschen (»Das Methusalem-Komplott«).

Vorurteile durch Fakten zu ersetzen, ist allerdings nicht leicht. Die Schwierigkeiten beginnen damit, dass sich nicht in allen Berufen Leistungen unmittelbar messen lassen – und sie enden damit, dass auch die Älteren häufig Widerstand gegen solche Prüfungen leisten. Als die EU-Kommission ankündigte, sie wolle bei älteren Autofahrern generell die Fahrtüchtigkeit testen, war die Empörung groß. Genau diese Art von Tests wird jedoch in der Altengesellschaft unverzichtbar sein – ob im Arbeitsleben oder im Straßenverkehr. Nur so lässt sich herausfinden, wozu jeder Einzelne in verschiedenen Lebensphasen in der Lage ist.

»Wenn sich die Altersverhältnisse in den Betrieben verändern, können nicht alle Älteren Chefs sein und sie können auch nicht alle Frühstücksdirektoren werden. Jüngere werden Ältere führen, und Ältere müssen sich Jüngeren unterordnen. Darauf sind bei uns beide Generationen nicht hinreichend vorbereitet«, sagt Matthias Knuth, wissenschaftlicher Geschäftsführer des Instituts Arbeit und Technik in Gelsenkirchen (IAT). Alle müssen sich umstellen. Auch die mittleren Jahrgänge, denen die aktuelle Arbeitsmarktkrise am wenigsten schadet, haben dann Nachteile zu erwarten: Als sie in den Job einstiegen, galt in den meisten Unternehmen noch das Prinzip der Seniorität. Die Jungen hatten grundsätzlich die niedrigsten Gehälter. Wenn sie alt sind, wird das nicht mehr so sein. Sie selbst können später nicht auf einen Alters-Bonus hoffen.

»Die eigentliche Problemgruppe sind die heute 40-jährigen«, sagt deshalb der Personalexperte Schmidt-Rudloff. »Sie müssen noch dreißig Jahre lang motiviert werden oder sich selber motivieren, obwohl weder große finanzielle Steigerungen noch viele Karrierechancen in Sicht sind.« Wohl dem, der wenigstens Spaß an seiner Arbeit hat. Personalexperten empfehlen, für die Alten von heute und von morgen so genannte horizontale Karrieren zu etablieren – eine Umschreibung dafür, dass Auszeiten, Sabbaticals und die Möglichkeit zum Jobwechsel innerhalb eines Unternehmens gute Instrumente gegen Langeweile und Betriebsblindheit sind.

Nie mehr Midlife-Krise

Vielleicht eifern die mittleren Jahrgänge den amerikanischen Babyboomern nach, die unmittelbar nach dem Zweiten Weltkrieg geboren wurden und die heute zwischen fünfzig und sechzig Jahre alt sind. Schon für diese neue Generation gebe es keine *Midlife Crisis* mehr, schreibt die kalifornische Autorin und Unternehmensberaterin Maddy Dychtwald: Die existentielle Krise des Mittdreißigers, der sich angesichts verpasster Chancen grämt, sei ein Relikt früherer Zeiten. An die Stelle starrer Lebensläufe seien jetzt schon vielfach zyklische Lebensmodelle mit vielen Möglichkeiten für Neuanfänge getreten, in Zukunft werde dies erst recht so sein. »Das ist das Schöne an der gestiegenen Lebenserwartung«, schreibt sie. »Jeder hat mehr Zeit, verschiedene Rollen auszuprobieren, es gibt viele Möglichkeiten für Umorientierungen oder Comebacks.«

Für die Babyboomer sei außerdem selbstverständlicher, phasenweise ganz auszusteigen oder nach Jahren großen Engagements Erfüllung jenseits des Berufs zu suchen, glaubt Dychtwald, die sich seit langem mit den Folgen der Alterung befasst. Sie nennt dafür zwei Gründe, die auch für die jüngeren deutschen Babyboomer zutreffen: Erstens sorge die schiere Masse von Vertretern dieser Jahrgänge dafür, dass nicht jeder die Chance bekommt, seine Vorstellungen zu verwirklichen. Gedrängel gehörte auch bei den geburtenstarken Jahrgängen in Amerika immer dazu. Zweitens handele es sich um eine Generation von Paaren, bei denen meistens beide Partner berufstätig sind und eine Ausbildung haben – was beiden mehr Flexibilität verschafft.

Schon jetzt leben die deutschen Babyboomer häufig in anderen Familienmodellen als ihre Eltern. Der Anteil von Männern, die Erziehungszeit beantragen oder Teilzeit arbeiten, ist zwar mit drei Prozent im internationalen Vergleich gering, er ist aber in den vergangenen Jahren gestiegen. Im Jahr 2002 hatten in Deutschland 260 000 Männer Teilzeitstellen, vierzig Prozent mehr als vor der Einführung des Rechtsanspruchs auf Teilzeit im Jahr 2001. Darunter sind allerdings auch viele Männer, die gern mehr arbeiten würden, jeder Vierte arbeitete Teilzeit, weil eine volle Stelle nicht zu finden war. Falls sie Kinder haben, reduzieren mitunter beide Eltern ihre Arbeitszeit auf 75 Prozent, um neben dem Job Zeit für die Kinder zu haben. Manchmal wechseln sie sich ab – erst hat sein Job Vorrang, dann wieder ihrer.

Das klassische Ernährermodell – er ist berufstätig, sie kümmert sich um Haushalt und Kinder – hat sich bisher als erstaunlich überlebensfähig erwiesen. Ab 2015 wird allerdings auch die Lage auf dem Arbeitsmarkt dazu beitragen, dass sich weniger Frauen zwischen Elternschaft und Berufstätigkeit entscheiden müssen. Qualifizierte Frauen werden angesichts des Fachkräftemangels in vielen Bereichen gebraucht werden, mehr Arbeitgeber werden sich deshalb um Dienstleistungen für Eltern bemühen – vielleicht ist der Betriebskindergarten dann irgendwann so selbstverständlich wie der Dienstwagen. Das würde nicht nur Müttern, sondern auch Vätern nützen.

Die Arbeitgeber werden aber auch andere Möglichkeiten neu entdecken, mit denen sich ein guter Mitarbeiter an ihr Unternehmen binden lässt. Ein Instrument könnten Betriebsrenten sein. In der Nachkriegszeit wurden sie in Deutschland von vielen Unternehmen eingeführt, um qualifizierte Kräfte im Betrieb zu halten. Durch die Riester-Rentenreform ist die betriebliche Altersversorgung wieder attraktiver geworden. Möglicherweise verstärkt der Fachkräftemangel diesen Effekt, zumal immer mehr junge Menschen besorgt um ihre Altersversorgung sind.

Besonders begehrt wird in den Jahren ab 2015 die kleinere Zahl hoch qualifizierter Berufseinsteiger sein – viele Unternehmen werden sich eine Belegschaft mit unterschiedlichen Altersgruppen wünschen. Junge Spitzenkräfte sind dann rar, sie sind in einer guten Verhandlungsposition. Vermutlich werden einige Babyboomer die nachrückenden Jüngeren darum beneiden, dass sie von Arbeitgebern schon allein deshalb umworben werden, weil es sie so selten gibt. Sie werden mit ähnlichen Gefühlen auf die jüngeren Kollegen blicken wie ältere Brüder und Schwestern auf ihre kleineren Geschwister, die – anders als sie selbst – ganz ohne Kämpfe abends lange fernsehen dürfen und mehr Taschengeld erhalten.

Die Chancen der Babyboomer

In der Regel allerdings werden die Vertreter der geburtenreichen Jahrgänge auch in Zukunft die Starken sein. Sie werden, vor allem wenn sie gut ausgebildet sind, noch lange gebraucht. Die 50- bis 64-jährigen Beschäftigten werden im Jahr 2015 sicherlich die besten Qualifikationen aller Altersgruppen haben, schreiben die Wissenschaftler Reinberg und Hummel vom Institut für Arbeitsmarkt- und Berufsforschung: »Sie besitzen dann nicht nur die höchsten Akademikeranteile, sondern auch die niedrigste Ungelerntenquote.«

Zwar werde die Zahl der Berufstätigen mit Hochschulabschluss bis 2015 geringfügig weiter steigen. Insgesamt wären aber im Jahr 2015 bereits 35 Prozent aller berufstätigen Akademiker älter als 50 Jahre; 1998 waren es nur 24 Prozent. Nicht einmal jeder fünfte beschäftigte Akademiker wäre jünger als 35 – neun Prozent weniger als 1998. Die beiden Arbeitsmarktexperten warnen deshalb vor schwerwiegenden Folgen für die Wirtschaftskraft des Landes. »Deutschland droht seinen Vorsprung zu verspielen«, schreiben sie. »Seit Beginn der neunziger Jahre ist aus der Bildungsexpansion von einst in weiten Teilen Stagnation geworden.«

Fünf Gegenstrategien bieten sich für den Staat und die betroffenen Unternehmen an – neben allen bestenfalls langfristig wirkenden Versuchen, die Geburtenrate zu erhöhen:

- Sie können die Wochen- und die Jahresarbeitszeit für alle Beschäftigten verlängern, also beispielsweise Urlaubs- und Feiertage streichen;
- sie können versuchen, mehr Frauen in Vollzeitstellen zu locken als bisher – möglichst ohne sie davon abzuhalten, Kinder zu bekommen;
- sie können versuchen, einige Lücken durch hoch qualifizierte Zuwanderer zu füllen;
- sie können versuchen, Geringqualifizierten zusätzliche Kenntnisse zu verschaffen;
- sie können Ältere ermutigen, länger zu arbeiten und sie weiter qualifizieren.

Noch investiert die Wirtschaft viel zu wenig in die Bildung ihrer älteren Mitarbeiter. Während im Jahr 2000 immerhin 36 Prozent der 35- bis 49-Jährigen ihr berufliches Wissen auffrischten, war die Quote bei den über 50-Jährigen nur halb so hoch. Das ist erstaunlich wenig gemessen daran, dass seit Jahren von Politikern, Verbänden und Unternehmern ständig das Prinzip des lebenslangen Lernens beschworen wird. Der Berliner Altersforscher Paul Baltes, emeritierter Direktor des Max-Planck-Instituts für Bildungsforschung, glaubt, dass dieses Ziel für viele Menschen unattraktiver ist als gemeinhin angenommen wird: »Lebenslanges Lernen – das klingt zuerst nach einer wunderbaren Idee, die einfach nur umgesetzt werden muss. Tatsächlich löst das Prinzip sehr gemischte Gefühle aus, und das macht die Umsetzung schwierig. Die Botschaft lautet ja: Du bist niemals komplett. Es wird in deinem Leben keine Phase geben, in der du dich einfach bequem treiben lassen kannst. Du musst immer wachsam sein.« Baltes hat das 21. Jahrhundert deshalb »Zeitalter des chronisch unfertigen Menschen« genannt.

Noch fehlen auch passende Angebote von Fachhochschulen und Universitäten. Zwar schreibt sich schon seit einigen Jahren bei vielen Hochschulen eine steigende Zahl von Gasthörern im Rentenalter ein. Viele erfüllen sich im Ruhestand den Traum, endlich intensiv Fragen der Philosophie, Psychologie oder Kunstgeschichte zu studieren – für vergleichsweise wenig Geld.

Mit beruflich verwertbaren Angeboten für Angestellte, die älter als 45 sind, hat das wenig zu tun. Wenn die Universitäten dieses Feld nicht bald von selbst entdecken, fällt dieser lukrative Bereich noch stärker als bisher an die private Konkurrenz – auch an Anbieter im Ausland. Die Verantwortlichen könnten es schon bald bereuen, dass sie diese Chance nicht ergriffen haben. Schließlich steht den deutschen Hochschulen ein starker Rückgang der Studentenzahlen bevor.

Die Unternehmen wiederum bieten nur selten einen Rückzug auf Raten an, wie er in Japan selbstverständlich ist. Dort scheiden viele Manager aus Großkonzernen mit

Ende fünfzig aus ihren Positionen aus. Sie haben dann Anspruch auf ihre staatliche Altersversorgung oder zumindest einen Teil davon. Von ihrem Arbeitgeber werden sie entlassen und anschließend häufig für deutlich weniger Geld wieder eingestellt. Meistens arbeiten sie als Berater auf weniger verantwortlichen Posten. Für die Unternehmen ist das ein billiger Weg, Personal abzubauen und gleichzeitig Know-how im Betrieb zu halten – und für die Beschäftigten ist es offensichtlich nicht ehrenrührig, mit 65 weniger Macht und Prestige zu haben als mit 55. Hierzulande gilt es als Makel, wenn die Karriere nicht bis zur Rente immer nur nach oben geht.

Immerhin haben verschiedene Großunternehmen wie Volkswagen und die Deutsche Bank Wege gefunden, das Know-how von erfahrenen Mitarbeitern gezielt zu nutzen. Beide Konzerne haben interne Beraterteams aufgebaut, die aus älteren Kollegen bestehen, die zuvor Führungsverantwortung hatten. Die ersten Einsätze dieser Teams brachten interessante Einsichten über die Stärken älterer Kollegen hervor: Sie seien entspannter, stärker an der Sache interessiert und könnten besser delegieren und moderieren, berichteten VW-Mitarbeiter. Viele Ränkespiele, die nur der eigenen Karriere und weniger dem Betrieb nützen, fielen weg.

Normalerweise werden Wettbewerb und der Wunsch nach beruflichem Fortkommen stets als positive Antriebskraft beschrieben – aber offensichtlich gelten im Alter mitunter andere Gesetze. Man sei nicht mehr »durch die Zukunft bestechlich« beschreibt der Philosoph Odo Marquard dieses spezielle Gefühl der Freiheit.

Eigentlich war in Deutschland das System der Altersteilzeit für den allmählichen Rückzug aus dem Berufsleben gedacht. Dieses Angebot war allerdings weder bei Arbeitgebern noch bei den Arbeitnehmern wirklich beliebt. Auch das könnte bei künftigen Generationen anders sein. Wer heute als junger Vater eine Vier-Tage-Woche nutzt, um mit seinen Kindern mehr Zeit zu verbringen, kann vielleicht auch als Sechzigjähriger einer Dreißig-Stunden-Woche etwas abgewinnen. »Wenn ein flexibler Umgang mit der Arbeitszeit früher geübt würde, wären auch Teilzeitjobs für Alte selbstverständlicher«, sagt der Gelsenkirchener Arbeitsmarktexperte Knuth.

Die Erfahrungs-Renaissance

Die Gegenbewegung hat gerade erst begonnen, unspektakulär und unauffällig. Man muss genau hinschauen, um Vorboten des Wandels zu entdecken. In Berlin-Lichtenberg gibt es beispielsweise einen Supermarkt der »Netto«-Kette, in dem nur Mitarbeiter beschäftigt sind, die bei der Einstellung mindestens 45 waren. Keinem normalen Besucher fiele das auf. Die Personalabteilung versprach sich davon einen besseren Service, außerdem wollte sie einen Beitrag gegen die Jobmisere von Älteren leisten. Im mecklenburgischen Neuruppin gibt es einen weiteren Netto-Supermarkt mit ähnlicher Besetzung.

Die umtriebigen Alten von Fahrion arbeiten in einem unscheinbaren Mehrzweckgebäude im Stuttgarter Vorort Kornwestheim, und auch die hellen, modernen Gebäude des Automobilzulieferer Brose im fränkischen Coburg geben keinerlei Hinweise auf eine ungewöhnliche Personalpolitik. Allenfalls im werkseigenen Fitnessraum lässt sich erkennen, dass das Unternehmen sich um die Gesundheit seiner älteren Mitarbeiter bemüht: Rückenschule, Krafttraining und Massageservice sollen Mitarbeitern aus der Produktion und den Büros helfen, Haltungsschäden oder Verschleißerscheinungen zu vermeiden. Momentan ist der Altersdurchschnitt mit 37 Jahren noch nicht hoch – dabei hat die Personalabteilung viel dafür getan, ihn anzuheben.

»Senioren gesucht« stand über einer Anzeige, die Brose-Personalchefin Esther Loidl geschaltet hatte: »Brose sucht 100 neue Mitarbeiter, aber nicht jung und flexibel, sondern reif und erfahren – mindestens 45 Jahre alt.« Das Unternehmen war schnell gewachsen, hatte jahrelang überwiegend junge Mitarbeiter eingestellt – und bemühte sich deshalb um eine ausgewogenere Altersstruktur. Kaum war die Anzeige erschienen, erhielt Loidl Hunderte von Bewerbungen. Allein auf die Stelle des Pressesprechers bewarben sich 300 Interessenten. Achtzig Mitarbeiter über 45 hat sie mittlerweile eingestellt. Weltweit beschäftigt Brose 7500 Mitarbeiter, 4500 davon in Deutschland.

Inzwischen sind bei Fahrion und Brose ständig Fernsehteams und Zeitungsreporter zu Gast. Vor Einladungen zu Podiumsdiskussionen und Kongressen können sich die Verantwortlichen kaum retten. Die Fragen, die Wissenschaftler und Journalisten stellen, sind immer gleich: Sieht so der Betrieb der Zukunft aus? Wie lassen sich die Erfahrungen von Älteren am besten nutzen? Was kann ein Unternehmen tun, damit die Mitarbeiter möglichst lange leistungsfähig bleiben? Wie organisiert man eine sinnvolle Aufgabenteilung zwischen Alt und Jung?

Bei Brose, Fahrion oder in den Netto-Supermärkten ist momentan vor allem zu beobachten, wie revolutionär es sein kann, das Selbstverständliche zu tun. Bezeichnenderweise hat keiner der Beteiligten selbst das Gefühl, ungewöhnliche Methoden anzuwenden. Das große Interesse der Medien wirft vor allem ein Licht auf eine absurde Entwicklung auf dem Arbeitsmarkt: Obwohl die Gesellschaft immer älter wird, blieb das Durchschnittsalter der Beschäftigten in den vergangenen Jahren nahezu konstant.

Noch nie gab es so viele gesunde und leistungsfähige 60-Jährige, doch trotz Fachkräftemangels arbeitet in der Hälfte der deutschen Unternehmen kein Mitarbeiter über fünfzig mehr. Die Arbeitsmarktlage für 55- bis 64-Jährige in Deutschland ist verheerend: Im Jahr 2002 war jeder Zehnte dieser Altersgruppe arbeitslos, in Großbritannien und der Schweiz lag die Quote zwischen zwei und vier Prozent. Hierzulande haben viele jenseits der 55 längst aufgegeben: Nur 43 Prozent dieser Altersgruppe bieten die eigene Arbeitskraft überhaupt noch an. Dabei ergab der Mikrozensus des Jahres 2003, dass die gesundheitliche Beeinträchtigung mit dem Alter zwar steigt – Ältere sind nicht häufiger, aber länger krank. Aber ausgerechnet in der Lebensphase zwischen 55 und 60, also in der Zeit, in der viele ausscheiden, verschlechtert sich der Krankenstand nicht mehr.

In kaum einem Land haben die Unternehmen ihre Belegschaften in den vergangenen fünfzehn Jahren so brutal verjüngt wie hierzulande. Der Staat hat sie lange unterstützt, der vorgezogene Ruhestand wird noch immer subventioniert. Vor allem diese Frühverrentungspraxis hat dazu geführt, dass sich viele Ältere nutzlos, nicht geachtet, diskriminiert vorkommen. Mit den Jobs gingen nicht nur das Einkommen, sondern oft auch Anerkennung, Austausch mit Kollegen, Unterhaltung, Respekt.

Die Misere der Älteren hat mehrere Gründe. Junge Unternehmen stellen vorzugsweise Jüngere ein. Etablierte Unternehmen konnten in den vergangenen Krisenjahren den alten Mitarbeiterstamm oft nicht halten, sie haben Ältere entlassen und kaum Nachwuchs eingestellt – mit dem Ergebnis, dass sich eine Gruppe nahezu Gleichaltriger allmorgendlich am Arbeitsplatz trifft. Gerade bei vielen ostdeutschen Betrieben könnte in fünfzehn oder zwanzig Jahren fast die komplette Belegschaft kollektiv in Rente gehen, weil derzeit fast alle Beschäftigten zwischen vierzig und fünfzig Jahre alt sind.

Solche Altersstrukturen werden für Unternehmen zum schwerwiegenden Problem, wenn sie darauf angewiesen sind, dass Erfahrungswissen allmählich von älteren an jüngere Mitarbeiter weitergegeben werden kann. Und sie schrecken mitunter Berufseinsteiger ab, die es sich erlauben können, wählerisch zu sein: Wer an der Universität seine Zeit meistens mit anderen Studenten verbrachte, hat womöglich wenig Lust auf Kollegen, die ausnahmslos im Alter der eigenen Eltern sind.

Bisher zeigen wenig Vorbilder, wie es anders gehen könnte.

Immer mehr Unternehmen interessieren sich dafür, wie sie ältere Beschäftigte am besten einsetzen, fortbilden und unterstützen können – aber längst noch nicht genug. Einige Personalchefs stellen bewusst Ältere ein – aber noch ist das eine kleine Minderheit. Im neuen Leipziger BMW-Werk zum Beispiel wurden zwanzig Prozent der 5000 neuen Stellen mit Beschäftigten jenseits der vierzig besetzt. Verschiedene Zeitungen berichteten darüber – das Interesse der Medien zeigt, dass es offenbar sogar ungewöhnlich ist, einen 42-Jährigen neu einzustellen.

Unternehmen wie Fahrion und Brose taugen ohnehin nur begrenzt als Modell für die Mehrheit der deutschen Firmen. Ihre älteren Beschäftigten arbeiten allesamt in einer

Ausnahmesituation. Bei ihnen haben sich nicht nur die Unternehmensleitungen über gängige Klischees vom Alter und den Alten hinweggesetzt. Auch in den Köpfen der neuen Mitarbeiter fand ein Wandel statt: Einige hatten vorher Stellen im Top-Management. Sie haben nach der Kündigung mehr als hundert Bewerbungen verschickt und dennoch nichts gefunden. Sie wussten genau, wie gering ihre Chancen sind. Sie haben ihre Ansprüche reduziert. Sie waren dankbar, weil es für sie überhaupt wieder eine Stelle gab.

Diese Haltung unterscheidet sie grundlegend von vielen älteren Arbeitnehmern in deutschen Unternehmen. Längst nicht jeder ist so bescheiden, so anpassungsfähig und -willig. Gerade die Älteren sind, sofern sie lange zu einem Betrieb gehören, oft in einer starken Position: Der deutsche Kündigungsschutz sorgt dafür, dass die Abhängigkeit von Arbeitnehmer und Arbeitgeber gegenseitig ist. Die Mobilität und Einsatzbereitschaft, die Fahrion bei seinen Oldies preist, ist deshalb nicht überall die Norm. Ältere Arbeitnehmer haben Rechte und Ansprüche, mitunter haben sie auch unrealistische Vorstellungen von ihren Fähigkeiten. Und mancher verlässt, wenn die Abfindung stimmt, ganz gern seinen Job. Erst in jüngster Zeit ändert sich das. Während 1996 noch 50,3 Prozent der Erwerbstätigen über 40 planten, spätestens mit 60 in Rente zu gehen, waren es im Jahr 2003 nur noch 35 Prozent. Bei Frauen sank die Quote sogar von 57,3 auf 36,3 Prozent. Experten führen das auf die höheren Rentenabschläge zurück – seit 2001 bekommt jeder Rentner 18 Prozent weniger, wenn er frühzeitig in den Ruhestand geht.

Häufig heißt es, die Alten würden aus ihren Arbeitsplätzen gedrängt. Die Realität dürfte komplizierter sein: Hätte das Frührentner-Dasein nicht auch seine angenehmen Seiten, würden sich weniger Menschen darauf einlassen. Andererseits gibt es mit Sicherheit auch Arbeitgeber, die drängen, damit Untergebene gehen. Hinzu kommt sicher oft Ärger über die geringe Wertschätzung der verbliebenen Schaffenskraft. Um Selbstzweifel zu stimulieren, reicht schon die Lektüre der gängigen Stellenanzeigen, die stets auf »jugendliche«, »dynamische« oder »frische« Kräfte zugeschnitten sind. Wenn ausnahmsweise ein »senior manager« gesucht wird, ist damit ein Betriebswirt zwischen 30 und 35 gemeint.

Wissenschaftler vom Prognos-Institut haben das Phänomen des »seelischen Alterns« untersucht: Man traut sich nicht mehr viel zu, weil andere auch nicht viel erwarten. Man glaubt den gängigen Klischees über verkalkte, unflexible Alte. »Dies führt dazu, dass sich Personen der entsprechenden Altersgruppen alt fühlen und ihre individuellen Reserven nicht genügend reflektieren«, heißt es in der Studie zur Innovationskraft von älteren Beschäftigten.

Beim nordrhein-westfälischen Maschinenbauer Vetter, einem Familienunternehmen mit knapp 250 Beschäftigten, wurde gerade den Alten die körperlich schwerste Arbeit zugeteilt. Die computergestützten Maschinen, deren Bedienung weniger anstrengend war, wollte man eher den Jungen anvertrauen. Die Älteren protestierten nicht. Viele waren unsicher. Erst als sich der Krankenstand der über 50-Jährigen als besonders hoch erwies, wurden Arbeitsabläufe überprüft und Zuständigkeiten verändert. Inzwischen arbeiten die älteren Beschäftigten ohne größere Probleme ebenfalls an modernen Maschinen. Sie sind gesünder und zufriedener als zuvor.

Beide Seiten, Arbeitnehmer und Arbeitgeber, werden ihre Haltung ändern müssen, damit es selbstverständlich wird, einen fünfzigjährigen Bewerber nicht schlechter zu behandeln als einen dreißigjährigen. Neben älteren Arbeitnehmern, die sich zu wenig zutrauen, gibt es andere, die den Verlust von Fähigkeiten ausblenden und ihre Stärken überschätzen. In etlichen mittelständischen Unternehmen spielen sich Dramen ab, weil Patriarchen sich vom Betrieb nicht trennen können – und junge Manager, die ewig auf ihre Chance warten müssen, leiden unter dem Prince-Charles-Syndrom. Gerade privilegierte, gebildete Ältere laufen Gefahr, ihr eigenes Wohlbefinden voreilig auf andere zu übertragen. Dieses Phänomen lässt sich nicht nur in Unternehmen, sondern auch in der Politik beobachten: Ein besonders enthusiastischer Bericht über die Fähigkeiten von Menschen in der zweiten Lebenshälfte wurde vom britischen Oberhaus veröffentlicht. Die Mitglieder des »House of Lords« sind im Durchschnitt 68 Jahre alt.

Später in den Ruhestand

Wenn ein amerikanischer Arbeitgeber ein Bewerbungsschreiben eines möglichen neuen Mitarbeiters liest, ist das oft mit einem kleinen Rechenexempel verbunden. Will er das Alter des Interessenten herausfinden, so kann er dies nicht, wie in Deutschland, einfach dem Lebenslauf entnehmen. Er darf sich auch nicht im Vorstellungsgespräch danach erkundigen. Beides verbietet die amerikanische Anti-Diskriminierungsgesetzgebung, zu der auch ein Verbot der Altersdiskriminierung gehört. Normalerweise stehen aber in jedem Lebenslauf die unterschiedlichen Ausbildungsetappen; Abschlüsse an der High School, am College oder an der Universität werden mit den zugehörigen Jahreszahlen aufgelistet. So lässt sich das ungefähre Alter mit ein bisschen Rechnerei leicht rekonstruieren.

Viele deutsche Politiker, vor allem aus der SPD und von den Grünen, halten die amerikanischen Vorgaben für vorbildlich. Auch die Europäische Union hat eine Anti-Diskriminierungs-Richtlinie erlassen. Erhöhen sie wirklich die Beschäftigungschancen von Arbeitnehmern, die älter als 45 sind? Möglicherweise führe das amerikanische System dazu, dass Ältere eher zum Vorstellungsgespräch eingeladen werden, sagt Lee Boothby, Anwalt und Spezialist für Diskriminierungs-Streitfälle in Washington. Boothby nimmt häufig an internationalen Konferenzen teil, und oft staunt er darüber, wie selbstverständlich in Deutschland oder in Osteuropa Altersgrenzen in Stellenanzeigen zu finden sind.

Andererseits lasse sich auch in Amerika kein Arbeitgeber, der Wert auf eine jugendliche Belegschaft legt, davon abhalten, Junge einzustellen und Ältere wo immer möglich zu ersetzen, sagt Boothby. Pro forma darf zwar niemand wegen seines Alters entlassen werden. Aber im konkreten Fall ist Diskriminierung schwer nachzuweisen. »Es reicht nicht, dass ein Arbeitgeber ausgerechnet die drei ältesten von zwanzig Mitarbeitern entlässt«, sagt Boothby. »Es muss deutlich werden, dass es einen Zusammenhang zwischen dem Alter und der Kündigung gibt. Am meisten Chancen hat die Klage, wenn der Chef die Entlassung mit dem Alter begründet, am besten schriftlich oder vor Zeugen.« Aber so dumm sind die meisten Unternehmer nicht.

Möglicherweise zeigt sich die Wirkung der Antidiskriminierungs-Gesetze gerade dann, wenn sie nicht angewendet werden: Vorgesetzte oder Personalabteilungen würden sich vermutlich häufiger unfair gegenüber Älteren verhalten, wenn sie nicht wüssten, dass es rechtliche Grenzen dafür gibt.

Antidiskriminierungs-Experten gehören zur kleinen Spezies, die immer dann besonders beschäftigt ist, wenn viele andere keine Arbeit haben. Als die amerikanische Wirtschaft nach den Anschlägen vom 11. September 2001 kriselte, wurden in den Vereinigten Staaten auch viele Ältere entlassen. Vorher schon hatten viele Ruheständler versucht, auf den Arbeitsmarkt zurückzukehren, weil ihre Vermögen in der Börsenflaute zusammengeschmolzen waren. Umfragen zeigen außerdem, dass mehr Amerikaner als früher im Alter in irgendeiner Form weiterarbeiten wollen, wenn auch nicht unbedingt in einer Vollzeit-Stelle. Alles zusammen hat in den vergangenen Jahren auch in den Vereinigten Staaten die Diskussion über Altersdiskriminierung am Arbeitsplatz verstärkt. Die Zahl der Klagen gegen *agism* hat sich zwischen 1995 und 2003 nahezu verdoppelt.

Die öffentliche Debatte über ältere Arbeitnehmer unterscheidet sich von der deutschen vor allem in einem Punkt: Es wird selbstverständlicher unterstellt, dass Ältere in erster Linie entlassen werden, weil sie teurer sind. Man denkt dabei an den Sechzigjährigen, der dreißig Prozent mehr Gehalt bezieht als sein dreißigjährige Kollege, aber zumindest aus der Sicht seines Arbeitgebers nicht ein Drittel mehr leistet. Also versucht der Unternehmer, den Älteren zuerst zu entlassen, falls er Personal abbauen muss. Oder er versucht sogar, ihn durch jüngere zu ersetzen. Und der Antidiskriminierungsanwalt kämpft anschließend für eine möglichst hohe Abfindung.

Der Unterschied zur deutschen Diskussion besteht in der Tonlage: Es geht seltener darum, ob ältere Beschäftigte weniger gesund, lernfähig, mobil, begeisterungsfähig, innovativ und belastbar sind. Sie sind nicht unbedingt schlechter als jüngere. Ihr Vorsprung ist bloß nicht groß genug. Sie scheitern unter anderem deswegen, weil sie anspruchsvoll sind. Kurz: Sind sind keine Opfer, jedenfalls nicht nur.

Weil der amerikanische Arbeitsmarkt flexibler als der deutsche ist, gibt es mehr Möglichkeiten für entlassene Ältere, schnell wieder irgendeinen schlecht bezahlten Job zu finden. In den öffentlichen Debatten über *Agism* geht es deshalb meistens weniger darum, ob Ältere beschäftigt sind, sondern ob sie gut bezahlte Arbeitsplätze bekommen oder behalten. Statistiken, wonach es in den Vereinigten Staaten einen vergleichsweise hohen Anteil berufstätiger Männer und Frauen über sechzig gibt, sagen über das Ausmaß der Altersdiskriminierung deshalb noch nicht viel aus.

Die amerikanische Gesetzgebung erlaubt starre Altersgrenzen nur für wenige Berufsgruppen, beispielsweise für Piloten. Bei einigen begehrten Jobs führt das zu Konflikten mit den Jüngeren, weil die Älteren einfach nicht gehen – an Universitäten beispielsweise, sofern deren Professoren unbefristete Verträge haben. In diesen Fällen haben die Arbeitgeber wenig Chancen, gegen den Willen der Älteren ihre Mitarbeiterschar zu verjüngen. Die meisten Lehraufträge sind allerdings zeitlich begrenzt.

In Deutschland haben gesetzliche Altersgrenzen jenseits des öffentlichen Dienstes bisher wenig praktische Bedeutung. Entscheidend ist, was in den Tarif- und in individuellen Arbeitsverträgen steht. Die wiederum beziehen sich normalerweise auf das offizielle Renteneintrittsalter. Viele Verträge enthalten allerdings auch gar keine Festlegung – in diesen Fällen besteht das Arbeitsverhältnis im Prinzip bis zum Tod. Für niedergelassene Ärzte gilt eine immer wieder umstrittene Altersgrenze von 68 Jahren. Sie wird nicht nur mit dem Schutz von Patienten vor Medizinern mit möglicherweise nachlassenden Kräften und Kenntnissen begründet, sondern auch mit den Chancen Jüngerer, beizeiten nachzurücken.

Abgesehen davon hängt es schon heute vor allem von der Rentengesetzgebung ab, wie lange die Menschen arbeiten. Das offizielle Renteneintrittsalter von 65 Jahren wird nur von wenigen erreicht, die meisten Arbeitnehmer scheiden früher aus. Seit Frührentner allerdings bis zu 18 Prozent weniger Rente bekommen, entscheiden sich wieder mehr Berufstätige, länger zu bleiben.

In Zukunft wird die Politik neu entscheiden müssen, ob und wie sie Altersgrenzen definiert. Das ist nicht leicht. Wenn die Biologie immer weniger bestimmt, wie dynamisch, belastbar und aufnahmefähig ein Sechzigjähriger ist, wenn die sozialen und physischen Unterschiede zwischen Gleichaltrigen immer größer werden – kann und soll eine Regierung dann festlegen, wie lange jemand arbeiten darf und wann er am besten in Rente geht? Oder soll es dann allein von der Zahl der Beitragsjahre abhängen, welchen Unterhalt ein Rentner bekommt, ganz gleich, ob er mit fünfzig oder siebzig aufhört zu arbeiten? Und können Leistungs- und Reaktionstests, etwa für Polizisten, die bisherigen Regeln für den Beginn des Ruhestands irgendwann ersetzen?

Unter Experten ist unbestritten, dass die bisherige Altersgrenze von 65 Jahren auf mittlere Sicht nicht zu halten ist. Über Alternativen dürfte in den kommenden Jahren viel diskutiert werden. Bei Umfragen sprechen sich regelmäßig große Mehrheiten gegen eine Anhebung des gesetzlichen Renteneintrittsalters aus. Die rot-grüne Bundesregierung hat Pläne, die Altersgrenze auf 67 anzuheben, entsprechend schnell wieder verworfen, und auch die Oppositionsparteien wollen sich darauf nicht festlegen.

Möglicherweise wäre es klüger, nicht einfach eine neue Zahl für eine neue fixe Altersgrenze in die Welt zu setzen. Stattdessen könnte die Lebenserwartung der Maßstab sein: Die Regierung könnte beispielsweise grundsätzlich die letzten zehn, zwölf oder auch fünfzehn Jahre des Lebens für die Rente reservieren – immer ausgehend vom durchschnittlichen Alter im Todesfall.

Heute liegt die durchschnittliche Lebenserwartung für Männer bei 75,2 Jahren, das Renteneintrittsalter bei 65, für Frauen bei 63 Jahren. Nehmen wir der Einfachheit halber an, die durchschnittliche Dauer des Rentenbezugs würde heute genau zehn Jahre betragen und dabei sollte es bleiben. Nach diesem Modell würde das Rentnerdasein erst mit siebzig beginnen, falls die Lebenserwartung auf achtzig Jahre stiege – was aller Voraussicht nach frühestens in dreißig Jahren der Fall sein wird. Bei weiteren fünf durchschnittlichen Lebensjahren würde der Renteneintritt sich ebenfalls um fünf weitere Jahre nach hinten verschieben. Ein früherer Ausstieg wäre nur mit Abschlägen, also einer verringerten Rente möglich. Das klingt hart, aber die Menschen bleiben ja auch länger gesund und leistungsfähig.

Das Ergebnis würde sich also gar nicht so sehr von der Anhebung des Rentenalters unterscheiden. Entscheidend ist das veränderte Prinzip, das es womöglich leichter macht, den Aufschub zu verstehen und zu begründen: Der Staat – genauer: Die Gemeinschaft der Beitragszahler – übernimmt Verantwortung für die schwierigen letzten Lebensjahre. Dafür ist die Rente da – aber nicht dafür, leistungsfähigen Menschen in den Sechzigern möglichst viel Freizeit zu finanzieren.

Nötig sind zudem neue Regeln für den öffentlichen Dienst. Der allmähliche Übergang vom Job ins Pensionärsdasein funktioniert in den meisten Bereichen sehr schlecht. Nur in wenigen Nischen haben sich Übergangsregelungen bewährt – etwa in der evangelischen Kirche, für deren Mitarbeiter die gleichen Bedingungen wie für Beamte und öffentliche Angestellte gelten. Die nordelbische Landeskirche hat jahrelang erfolgreich ein Job-Sharing zwischen jungen und alten Pastoren organisiert. Dabei traten mehrere ältere Pfarrer kürzer; von dem gesparten Gehalt wurden Nachwuchspastoren eingestellt. Der größte Vorteil des Modells sind zusätzliche Arbeitsplätze, hinzu kommt, dass eine Kirchengemeinde auf diese Weise den wahrscheinlichen Nachfolger ihres alternden Gemeindepastors frühzeitig kennen lernen kann – und er sie.

Aber das sind Ausnahmen. Vor allem im Wissenschaftsbetrieb sind die Altersgrenzen viel zu starr. Es gibt wenig Möglichkeiten, jenseits der Pensionsgrenze weiter zu forschen, selbst dann nicht, wenn der Arbeitgeber das ausdrücklich will. Ausgerechnet der Altersforscher Vaupel ist davon betroffen. Er verliert deswegen einen seiner besten Mitarbeiter am Rostocker Max-Planck-Institut: Anatoli Yashin, einen aus Russland stammenden Statistikprofessor. Der Endfünfziger bereitet seinen Wechsel in die Vereinigten Staaten vor. »Eigentlich fühle ich mich in Deutschland ausgesprochen wohl«, sagt er. »Aber ich will nicht mit 65 aufhören, sondern danach weiter forschen und lehren, und im deutschen System geht das nicht. Also muss ich mich rechtzeitig neu orientieren.«

Im Max-Planck-Institut gelten strenge Altersgrenzen – anders als an den meisten amerikanischen Hochschulen, wo Leistungsbewertungen darüber entscheiden, wer zu welchen Bedingungen forscht und lehrt. So wird Yashzin sich demnächst mit seinen Rostocker Kollegen vor allem per E-Mail austauschen können. Vaupel schüttelt darüber nur den Kopf. »Das Leben fängt mit vierzig erst richtig an, aber da hört bei den Deutschen das Personalmanagement auf«, sagt er. Die dynamische, innnovative Altenrepublik, von der Vaupel oft in seinen Vorträgen spricht, ist für ihn selbst und seine Rostocker Forscher noch weit entfernt.

4. Land ohne Leute

Der Weg zur Grundschule von Laukaa führt durch Fichtenwälder und vorbei an großen, hellgrau leuchtenden Seen. An den Ufern stehen vereinzelt kleine Sommerhäuser, die man in Finnland »Möcki« nennt. Eine Anfahrt, die Skandinavien-Touristen entzückt und Schüler müde macht.

Matthias Platzeck, Ministerpräsident des Landes Brandenburg, fährt im Mai des Jahres 2004 nach Finnland, weil auch in seinem Bundesland über die langen Busfahrten für Jugendliche gestritten wird. Jahrelang sind immer weniger Kinder geboren worden, deshalb musste in den vergangenen Jahren ein Drittel aller Grundschulen schließen. Platzeck will herausfinden, ob das dünn besiedelte Finnland die passende Infrastruktur für Brandenburgs Zukunft hat; er fragt bei seiner zweitägigen Reise nach Schulen, Kindergärten, Kulturangeboten und Krankenhäusern. In Laukka, einer Kleinstadt mit 18 000 Einwohnern in Mittelfinnland, erprobt eine Schule schon seit einigen Jahren Videounterricht.

»Welche Zeit zeigt diese Uhr an?«, will der Lehrer Illkka Linderoos von seinen Schülern wissen. Acht Jugendliche aus der neunten Klasse haben Deutschunterricht. In der Ecke des Klassenzimmers hängt eine Videokamera, zu sehen ist Emma, die in einer 15 Kilometer entfernten Schule sitzt und diesmal die richtige Antwort weiß: »Es ist halb acht.« Ihr Lehrer ist zufrieden und schiebt das Blatt mit der nächsten Aufgabe vor die Kamera über seinem Tisch. »Mit älteren Schülern gibt es wenig Probleme, aber es gehört einiges an

Disziplin beim Videounterricht dazu: Man muss allein lernen, kann ja schlecht zwischendurch mit dem Tischnachbarn sprechen«, sagt der Lehrer Linderoos. Aber anders lassen sich bestimmte Fächer nicht mehr anbieten. Es gibt zu wenig Schüler, die Wege sind zu weit.

In Finnland leben 5,2 Millionen Menschen, so viele wie in Berlin und Brandenburg. Sie verteilen sich auf eine Fläche, die ungefähr so groß wie Deutschland ist. Der Videounterricht, der seit Mitte der neunziger Jahre für viele finnische Schulen selbstverständlich wurde und vor allem für Sprachunterricht genutzt wird, ist nur eine von mehreren Konsequenzen der geringen Einwohnerdichte. Einige Kinder und Jugendliche übernachten im Winter in der Nähe der Schulen, fahren nur am Wochenende zurück nach Haus oder besuchen Internate. Ärzte haben gelernt, per Ferndiagnose zu behandeln. Im Norden des Landes liegen verschiedene Skiorte, die wegen ihrer geringen Einwohnerzahl keine Krankenhäuser, sondern nur kleine Ärztezentren haben. Immer wieder müssen die Mediziner sich dort um Unfallpatienten kümmern. Bei schwierigen Fällen schicken sie Röntgenaufnahmen an eine Fachklinik in Helsinki und tauschen sich mit deren Experten aus.

Die öffentliche Verwaltung hat früher als in anderen Ländern viele Informationen und Formulare über das Internet verfügbar gemacht. Drei Millionen Finnen nutzen das Internet regelmäßig, das sind 68 Prozent aller Bewohner des Landes. Im europäischen Maßstab ist das viel. Nur in Schweden und Norwegen ist der Anteil noch höher, in Deutschland liegt er bei fünfzig Prozent.

Den Finnen hat die Geographie beim Sprung in die Wissensgesellschaft geholfen. Vielleicht hat der demographische Wandel in Brandenburg oder Sachsen demnächst einen ähnlichen Effekt. Wenn auch die letzte Bankfiliale in der benachbarten Kleinstadt schließt, werden möglicherweise mehr Menschen lernen, ihre Bankgeschäfte im Internet zu erledigen.

Schrumpfen kann man lernen

Schrumpfen kann man lernen – das ist die tröstliche Erkenntnis, die deutsche Politiker von ihren Finnlandreisen mit nach Hause bringen. Der Bevölkerungsrückgang erzwingt in den neuen Bundesländern und mit etwas Zeitverzögerung auch im Rest von Deutschland eine andere Infrastruktur. Schulen schließen oder werden zu Pflegeheimen umgewandelt, Krankenhäuser fusionieren, Busnetze müssen auf weniger Nutzer umgestellt werden. Schon heute gibt es in Brandenburg einen so genannten Rufbus, der wie ein Taxi einzelne Fahrgäste an den Ort ihrer Wahl bringt, aber keine Taxipreise dafür nimmt. Für die Kommune ist das billiger als der reguläre Busbetrieb. Ein Filmvorführer zieht über die Dörfer und macht vorübergehend aus Landgaststätten Kinos.

Deutschland ist eines der am dichtesten besiedelten Länder Europas. Länder wie Finnland oder Kanada zeigen, dass es auch anders geht. Ostdeutschland wird einiges aus Skandinavien übernehmen – und westdeutsche Kommunen können von den Erfahrungen der neuen Bundesländer profitieren. Überall wird es schwer fallen, die heute bestehende öffentliche Infrastruktur weiter zu finanzieren.

Nur kommt es in den kommenden Jahren nicht allein auf effizienten Rückbau an. Es geht darum, wie sich Schrumpfen ertragen lässt. Das ist keine Frage der Organisation, sondern der Psychologie. Und dabei helfen auch Erfahrungen aus Finnland nicht weiter. Skandinavien war schon immer dünn besiedelt, die Finnen mussten ihre Ansprüche an Schulen, Schwimmbäder oder Theater nie stark reduzieren. Wie aber kommen Menschen damit zurecht, wenn erst der Nachbar zur Linken, dann der zur Rechten und schließlich sogar der Bürgermeister ein Dorf verlässt? Was heißt es für junge Familien, wenn ihre Kinder keine Gleichaltrigen mehr zum Spielen finden? In Sachsen wurden Schulkinder vorsichtshalber psychologisch betreut, weil in ihrer Nachbarschaft ganze Straßenzüge weggerissen wurden.

In beiden Teilen Deutschlands war die Verkehrs- und Infrastrukturpolitik jahrzehntelang ausschließlich auf Wachstum ausgerichtet. Weil es in Ballungsräumen nicht genug preiswerten Wohnraum gab, half der Staat mit Pendlerpauschale und Eigenheimzulage, Stadtgrenzen auszuweiten. Und die Politiker gewöhnten sich daran, dass Wirtschaftswachstum die Lösung von Verteilungskonflikten einfacher macht – beim Straßenbau, bei der Ausweisung von Bauland, bei der Denkmalpflege. In Ostdeutschland wurde nach der Einheit alles überdimensioniert geplant: Gewerbegebiete und Wohnviertel, Kläranlagen und Straßen. Die Stadtverwaltungen entwarfen und investierten, als müssten sie ihren Glauben an eine bessere Zukunft auf den Reißbrettern beweisen.

Diese Stimmung ist verflogen. Die Arbeitslosenrate in den neuen Bundesländern ist im Schnitt doppelt so hoch wie im Westen, es siedeln sich zu wenig neue Unternehmen an. Wer jung und gut ausgebildet ist, wandert ab, für die Zurückbleibenden kommt ein Kürzel aus DDR-Zeiten erneut in Mode: »Der Doofe Rest.« Deshalb heißt es häufig, für Ostdeutschland könne es nicht mehr viel schlimmer kommen.

Diese Annahme ist falsch. Vor allem zwei Faktoren werden dafür sorgen, dass der Lebensstandard im ostdeutschen Teil der Altenrepublik künftig noch niedriger sein wird als bisher: Erstens wächst eine neue, ärmere Generation von Ruheständlern nach. Die ostdeutschen Rentner waren bisher die Gewinner der Einheit, im Durchschnitt waren ihre Bezüge höher als im Westen. Vor allem Ehepaare im Rentenalter waren im Osten meistens besser dran. Wegen der hohen Frauenerwerbstätigkeit zu DDR-Zeiten hatten fast immer beide Partner Rentenansprüche.

Die Ostrentner von morgen jedoch werden die Verlierer der Einheit sein. Die Langzeitarbeitslosen von heute erwerben nur kleine Anwartschaften. In Westdeutschland hingegen rückt bereits jetzt eine Rentnergeneration mit steigenden Ansprüchen nach. Viele der heute sechzig- bis siebzigjährigen Frauen waren im Gegensatz zu ihren Müttern berufstätig, bei vielen jüngeren Rentnerpaaren gibt es zwei Einkommen – ein oft unterschätzter Grund für den Wohlstand der neuen Ruheständler.

Zweitens werden in Ostdeutschland demnächst Lehrlinge und Studenten knapp. Schon jetzt wird in Sachsen, Thüringen und Brandenburg allerorten über die Schließung von Schulen verhandelt und gerungen. Ähnliche Probleme werden in den kommenden Jahren erst den Handwerksbetrieben und dann den Hochschulen zu schaffen machen.

Schrumpfen macht Angst. Bei einer Umfrage in Sachsen gaben mehr als 90 Prozent die massenhafte Abwanderung junger Menschen als drängendstes Problem des Landes an. Es bereitete den Befragten sogar mehr Sorgen als der Mangel an Arbeitsplätzen. Der Bevölkerungsrückgang ist für Politiker kein Gewinnerthema. Vertreter aller Parteien haben sich deshalb jahrelang weggeduckt, sobald die Rede darauf kam.

Die grüne Bundestagsabgeordnete Franziska Eichstädt-Bohlig, Wohnungsmarktexpertin ihrer Fraktion, erinnert sich an eine gespenstische Szene aus der Startphase der rot-grünen Koalition: Der Kanzler besuchte die neuen Bundesländer, und die Fernsehkameras zeigten einen lächelnden Gerhard Schröder vor einer Fassade nahezu menschenleerer Plattenbauten. Schon damals standen in Ostdeutschland mehrere hunderttausend Wohnungen leer. Der Kanzler sprach von Aufbruch und stand doch, ohne es zu merken, vor einem Symbol ostdeutschen Niedergangs – vor einer Attrappe, ähnlich der Filmkulisse einer Goldgräberstadt im Western. Damals waren Diskussionen über die bevorstehende Schrumpfung noch tabu, Bürgermeister gaben sich betont optimistisch und wer widersprach, galt als Schwarzmaler und Investorenschreck. Was nötig war und was kurzfristig beim Wähler ankam, klaffte auseinander. »Ich bin doch kein Abrissminister«, hielt ein Verantwortlicher Eichstädt-Bohlig damals entgegen. Man schwieg und schaute weg.

In einigen ostdeutschen Städten kann man die Folgen heute riechen. In Cottbus, Stadtteil Sachsendorf, liegt zum Beispiel oft ein fauliger Geruch in der Luft. Der Druck in den Abwasserleitungen ist nicht stark genug, weil es zu wenig Anlieger gibt. Die Rohre verkeimen und wachsen zu. Kein Wunder: Die Siedlung wurde für 30 000 Menschen angelegt, heute leben noch 16 000 hier, und diese Übriggebliebenen sind in den verschiedenen Straßenzügen sehr ungleich verteilt. In einigen herausgeputzten Ecken können Besucher bestaunen, was sich aus DDR-Platten alles machen lässt: Die alten Gebäude wurden abgetragen, die Wände neu zusammengesetzt – zu hübschen zwei- oder dreigeschössigen Reihenhäusern mit kleinen Gärten vor der Tür.

Darauf sind die Lokalpolitiker von Cottbus stolz. Doch in den Jahren nach der Einheit haben auch sie Warnsignale ignoriert und die Infrastruktur auf Wachstum angelegt. Nun werden die Kosten für die Umrüstung der Kanalisation, die bei deutlich weniger Nutzern nicht funktioniert, auf rund 12 Millionen Euro geschätzt. Es kostet Geld, weniger zu werden.

Städte, die sich spät auf den Bevölkerungsrückgang eingestellt haben, müssen oft sogar zweimal zahlen: Erst für die Sanierung, dann für den Abriss. In Neubrandenburg in Mecklenburg-Vorpommern zum Beispiel haben die Lokalpolitiker lange an bessere Zeiten geglaubt. Häuserblock für Häuserblock wurde auch in Plattenbausiedlungen mit öffentlichem Geld saniert. Die Chancen, dass sie jemals wieder bewohnt werden, sind gering. Im Jahr 2015 werden in Neubrandenburg vorausssichtlich nur noch 65 000 Einwohner leben. 2003 waren es noch 76 000, 1981 sogar 96 000.

Knapp die Hälfte aller Mittel der Bundesregierung für den »Stadtumbau Ost« wird heute schon für den Abriss von Häusern ausgegeben. Zwischen 2001 und 2003 sind bereits 31 000 Wohnungen mit staatlicher Hilfe vernichtet worden – Platz genug für die Einwohner einer mittelgroßen Stadt. Innerhalb von acht Jahren sollen 350 000 leer stehende Wohnungen mit staatlicher Förderung »vom Markt genommen werden«, wie es das Bundesministerium für Verkehr, Bau- und Wohnungswesen beschönigend nennt.

Die Entdeckung der Demographie

Falls Historiker einmal rückblickend nach einem Dokument suchen, an dem sich das plötzlich erwachte Interesse der Deutschen am demographischen Wandel ablesen lässt, stoßen sie vielleicht auf ein Schriftstück aus dem Brandenburger Landtag vom Februar des Jahres 2004. Die Drucksache 3/7088 listet auf 44 Seiten die Folgen von Alterung und Bevölkerungsrückgang für fast sämliche Bereiche des gesellschaftlichen Lebens auf.

Der Bericht handelt von den Konsequenzen für die brandenburgischen Kirchen (die katholischen Gemeinden bekommen mehr Verstärkung durch Zuwanderer als die Protestanten), von der Zukunft der Sportvereine (beim Mannschaftssport sind »existenzielle Probleme« wegen des Mangels an Jugendlichen zu erwarten) und sogar von der Zukunft der sorbischen Minderheit (wo die Demographie ausnahmsweise keine Probleme schafft). Der Bericht zeigt Auswirkungen, auf die ein Laie kaum jemals gekommen wäre, zum Beispiel bei der Justiz: Eine geringere Zahl von Jugendlichen und jungen Erwachsenen bedeute vermutlich auch weniger Kriminalität, heißt es. Momentan seien 46 Prozent aller Straftäter jünger als 25, und diese Altersgruppe werde in Zukunft deutlich kleiner sein.

In Zahlen liest sich Brandenburgs Zukunft so:

- Heute ist jeder sechste Brandenburger älter als 65, im Jahr 2020 wird es jeder Vierte sein.
- Die Zahl der Frauen zwischen zwanzig und dreißig sinkt bis 2020 um 56 400, was 43 Prozent entspricht – ohne Gegenmaßnahmen wird es also mittelfristig deutlich weniger potenzielle Mütter und damit langfristig noch weniger Kinder geben.
- Der Schuldenstand pro Einwohner wird sich mehr als verdreifachen, er steigt von aktuell 5886 Euro auf rund 20 300 Euro pro Einwohner. Die Kreditfinanzierungsquote steigt von 12,1 Prozent auf rund 30 Prozent.

- Mehr als 200 von ehemals 457 weiterführenden Schulen müssen »aus dem Netz genommen werden«. Die Anfahrtswege für die Schüler werden deutlich länger, bei Gymnasien zum Beispiel steigt der Einzugsradius von heute 278 auf etwa 350 Kilometer. Im ebenfalls dünn besiedelten Schleswig-Holstein deckt jedes Gymnasium bloß einen Umkreis von durchschnittlich 154 Kilometern ab.
- Für das Jahr 2020 erwartet die Landesregierung nicht einmal die Hälfte der Schüler des Jahres 2001. Die Zahl der 12- bis 16-Jährigen werde sich »bis zum Schuljahr 2010/2011 gegenüber 2001 in etwa halbieren«, heißt es.

Die Landesregierungen von Sachsen, Rheinland-Pfalz und Nordrhein-Westfalen haben ähnliche Berichte vorgelegt. Alle handeln nicht von Grundsatzfragen, sondern von praktischen Konsequenzen für Länder und Gemeinden. Der demographische Wandel ist ein Alltagsproblem geworden. In der Geschichte der Bundesrepublik gab es immer wieder Phasen, in denen aus Ideen Institutionen wurden. In den achtziger Jahren führten unterschiedlichste Behörden Frauen- oder auch Umweltbeauftragte ein. Im April 2004 erfand die Stadt Bielefeld den Posten der Demographiebeauftragten: Die 52-jährige Soziologin Susanne Tatje soll bei städtischen Planungen vom Straßenverkehr bis zur Größe der Kindertagesstätten mitreden und mitentscheiden.

Die eigenwilligste Initiative zum demographischen Wandel bietet Ideen und schräge Bilder an: Shrinking Cities, ein von der Bundeskulturstiftung gefördertes Projekt. Architekten haben darüber nachgedacht, für welche Künstler die leeren Siedlungen von Hoyerswerda oder Schwedt attraktiv sein könnten. Ihr Vorbild ist die Stadt Manchester, die in den achtziger Jahren etwa ein Fünftel ihrer Einwohner verlor, dann die Kunst- und Musikszene anzog und schließlich auch andere Bewohner faszinierte. Außerdem hat Shrinking Cities bunte, lustige Modelle für den Umbau von Plattenbauten vorgelegt: Einige Siedlungen könnten demnach in einen riesigen Zoo umgewandelt werden – oder in rot bemalte Kunstobjekte, von oben bis unten mit Basketballkörben übersät. Für ein Gebäude in Schwedt, zu DDR-Zeiten Zentrum der ostdeutschen Petrochemie, haben die Künstler ein Biotop vorgesehen. Vielleicht hat der Osten ja seine größte Chance, wenn er Helmut Kohls Bild von den blühenden Landschaften wörtlich nimmt.

Der hilflose Westen

Klaus Wermker sieht wenig Grünes, wenn er aus dem Fenster schaut. Von seinem geräumigen Büro in der 14. Etage blickt er auf Hochhäuser, Straßen, eine Synagoge und viel morgenroten Himmel. Am Horizont einige Schlote, dahinter beginnt Duisburg. Viel dichter besiedelt kann eine Region kaum sein. Könnte man meinen.

»Der Eindruck täuscht«, sagt Wermker, der das Büro für Stadtentwicklung in der Essener Kommunalverwaltung leitet. »Für uns ist der Rückgang der Bevölkerung ein riesiges Problem.« In der Zeit von 1962 bis 2001 sank die Zahl der Einwohner von Essen um 20,3 Prozent, teils durch Abwanderung, teils dadurch, dass mehr Menschen starben als geboren wurden. Das hat eine ganze Reihe unerwünschter Folgen: Steuereinnahmen und Kaufkraft fallen weg, die wirtschaftliche Entwicklung der Stadt leidet, Infrastruktur wird nicht mehr gebraucht. Auf Wermkers Schreibtisch liegen Grafiken und Tabellen, die allesamt düstere Zukunftsaussichten illustrieren: Die Stadt rechnet damit, bis 2015 weitere 83 000 Einwohner zu verlieren – überwiegend wegen der ungünstigen Altersstruktur. Wermker gehört ebenfalls zu denen, die frühzeitig gewarnt und dabei in viele verschlossene Gesichter geschaut haben. Auch in Essen, ganz tief im Westen, hatten die meisten Politiker für Schrumpfszenarien lange nicht viel Sinn.

In Essen ist der Süden alt und wohlhabend und der Norden arm und kinderreich. Wermker wohnt im Ortsteil Baldeney im Süden. Dort kann er sehen, wie nicht nur Menschen, sondern auch Stadtviertel altern. Auch im Sommer spielen keine Kinder auf den Bürgersteigen; dafür stehen vor den Häusern die kleinen Autos von der ambulanten Pflege. In den meisten Städten im Ruhrgebiet gibt es ein ähnliches Nord-Süd-Gefälle. Das Rheinisch-Westfälische Institut für Wirtschaftsforschung (RWI) warnt vor einer wachsenden Kluft zwischen beiden Welten. »Altersaufbau und Einkommensniveau von Nachbarschaften werden immer einseitiger«, heisst es in einer Studie über das Ruhrgebiet. Früher sei der Stadtteil Hinweis auf die soziale Herkunft gewesen, heute teilten sich die Städte zunehmend auch nach Altersgruppen auf. Teilen des Reviers drohe die »Vergreisung«, heisst es.

Besuch in Katernberg, einem Stadtteil im Essener Norden. Wermker hat sich eigens Zeit genommen, man fährt vorbei an alten, geschwärzten Zechensiedlungen. Viele Geschäfte haben türkische Namen. Der Ausländeranteil liegt hier bei 39 Prozent, in der Kindertagesstätte, die Wermker ansteuert, sogar bei 80 Prozent. Auf dem Gelände der ehemaligen Zeche Zollverein hat die Stadt in einem umgebauten Schalthaus mit alten Metallstreben und weißem Mauerwerk eine riesige Kita eingerichtet. Auf fast tausend Quadratmetern können sich die Kinder austoben.

Wermker, ein Sozialdemokrat, ist stolz auf die restaurierte Industriearchitektur. Er kann viel von der Mentalität des Ruhrgebiets erzählen, vom unterentwickelten Selbstbewusstsein der Region und davon, dass erst mit dem Hochschulbau der vergangenen 30 Jahre eine akademisch gebildete Mittelschicht entstanden ist. Wer mit dem Stadtentwickler in Essen unterwegs ist, fragt sich zwangsläufig, wie lange diese Schicht sich halten wird. Auch in Essen hat sie nur wenige Kinder. In den alten proletarischen Vierteln wächst derweil eine Generation heran, die schlechte Chancen hat, in der Welt von morgen mitzuhalten. Eines von vier Kindern in Katernberg ist auf Sozialhilfe angewiesen, in ganz Essen eines von sechs. »Wir leben in einer Gesellschaft, in der ausgerechnet die benachteiligten Familien den Nachwuchs aufziehen«, warnt Klaus Peter Strohmeier, Professor für Stadtplanung und Stadtentwicklung an der Universität Bochum, der ebenfalls die demographischen Probleme im Ruhrgebiet untersucht hat.

Man müsse jetzt »weiterer Überalterung entgegenwirken«, heißt es deshalb in einer Planungsvorlage der Stadt. »Zentrale Zielgruppen sind größere Haushalte mit Kindern und jüngere Zwei-Personen-Haushalte in der Expansionsphase.« Obwohl die Stadt pleite ist, hat sie Prämien in Höhe von mehreren tausend Euro für junge Hauskäufer von außerhalb ausgesetzt. Bisher hat das allerdings nicht viel gebracht. In den kommenden Jahren wird es schwieriger, junge Familien anzuziehen. Es wird noch weniger von ihnen geben als bisher, und gerade deshalb werden sie sich aus

Lockangeboten vieler Kommunen das attraktivste auswählen können.

Wer verliert, ist absehbar: Der Osten wird im Vergleich zum Westen weiter zurückfallen, gleichzeitig wird das Nord-Süd-Gefälle härter. Boomregionen wie München bleiben vermutlich lange verschont, ärmere Städte wie Gelsenkirchen oder Bremerhaven haben wenig Chancen. Der Bevölkerungsrückgang verschärft die bestehende Ungleichheit.

Außerdem verhindert der Wettbewerb der Städte eine ökologisch sinnvolle Siedlungspolitik. Gerade für junge Familien ist bei der Wahl des Wohnorts häufig entscheidend, ob eine Stadt billiges Bauland zur Verfügung stellt. Die Kommunen stehen damit vor einer schwierigen Entscheidung: Angesichts des Leerstands in den Innenstädten ist es aus Sicht der Städteplaner eigentlich aberwitzig, die Zersiedelung des Umlands weiter voranzutreiben. Doch viele junge Paare träumen nach wie vor vom Eigenheim im Grünen – und kaum eine Stadt kann sich erlauben, auf diese Bürger zu verzichten.

Eine echte Stärke der neuen Bundesländer, das gute Angebot an Kinderbetreuung, fällt bei der Ortswahl junger Menschen weniger ins Gewicht. In Brandenburg kommen auf hundert Kleinkinder 52 Krippenplätze, in Bayern nur zwei. Aber ausgerechnet dort, wo es für Eltern nicht schwer ist, den Sohn oder die Tochter stundenweise abzugeben, wandern besonders viele junge Frauen ab: Aus allen ostdeutschen Bundesländern verabschieden sich deutlich mehr junge Frauen als Männer; Bevölkerungswissenschaftler haben sich dafür den hübschen Begriff der »Amazonisierung« ausgedacht. Dennoch haben sich die meisten Länder und Gemeinden vorgenommen, trotz Sparzwängen und Geburtenlücken an ihren Kitas und Kinderkrippen möglichst lange festzuhalten.

Viel können die meisten Kommunen und auch die Länder ohnehin nicht tun. Die Regierung von Mecklenburg-Vorpommern hat für heimwehkranke Ausgewanderte eine Rückkehreragentur gegründet, die vor allem Informationen über das Heimatland liefert. Die Sachsen haben für die gleiche Zielgruppe ein Internetportal mit dem rührenden Titel www.sachsekommzurueck.de installiert; dort wird unter anderem über Jobofferten informiert. Die jungen Ostdeutschen, die zunächst mit finanzieller Unterstützung der Arbeitsämter, so genannten Mobilitätshilfen, in den Westen gelenkt wurden, sollen nun wiederum mit staatlicher Unterstützung zurückgewonnen werden.

Einige Städte nahe der polnischen Grenze setzen auch auf Mieter und Hauskäufer aus Polen, wo Wohnraum knapper ist. Oft machen allerdings Formalia die Vermietung an ausländische Interessenten schwer. Andere Lokalpolitiker halten mehr von Angeboten, über die sich die Kommunen mit ortsansässigen Betrieben verständigen müssten: Wer der Arbeit wegen in eine bestimmte Stadt zieht, bekäme zum neuen Job die Wohnung gleich dazu. Doch möglicherweise reizt das viele Arbeitnehmer gar nicht, schließlich ist das Wohnungsangebot in den meisten ostdeutschen Städten ohnehin sehr groß. In Leipzig ist es üblich, dass Mieter zwei-, dreimal umziehen auf der Suche nach den attraktivsten Räumen. Der Makler werden grundsätzlich vom Wohnungsinhaber bezahlt, er ist die schwächere Partei im Mietgeschäft. Es ist nicht ungewöhnlich, dass Hausbesitzer versuchen, mit vielerlei Zusatzangeboten bis hin zum Kurzurlaub auf Mallorca Interessenten anzuwerben.

Dann gibt es noch die Möglichkeiten, Mallorca Konkurrenz zu machen – und sich als Altersruhesitz für Rentner zu profilieren. Erste Oststädte, etwa die thüringische Kleinstadt Meiningen, werben auf ihrer Homepage schon mit dem Etikett »Seniorenresidenz«. Wer diese Idee verfolgt, muss allerdings doppelt Überzeugungsarbeit leisten: bei den Rentnern und bei den Einheimischen. Die fürchten in der Regel die Überalterung und wollen sie nicht auch noch weiter forcieren.

Bezeichnenderweise sind Ängste und Abwehr am stärksten in Orten, in denen es schon einen hohen Altersdurchschnitt gibt. Gerade wer sich dem Rentenalter nähert, will offenbar ungern unter Rentnern leben. Es ist der gleiche Reflex, mit dem sich der Kleinbürger besonders stark vom verwahrlosten Sozialhilfeempfänger im Nachbarhaus bedroht fühlt: Man hat Angst vor dem, was näher rückt.

Alt werden mit Goethe

Als Magda Bahnsen auf die Idee kommt, nach Weimar zu ziehen, ist sie 63 Jahre alt. Eigentlich ist sie auf Durchreise mit ihrem Mann Richard, der wie sie selbst im wahren Leben einen anderen Namen trägt. Richard Bahnsen ist Pastor in einer fränkischen Kirchengemeinde und mit seiner Frau auf dem Weg zu einem Pfarrkonvent. Beide übernachten in Weimar und schlendern vor der Weiterfahrt um die Herderkirche und die anliegenden Gärten. »Vogelzwitschern, Morgensonne, blühende Rosen und viel Geschichte – wir fanden die Stadt zum Verlieben«, sagt Magda Bahnsen. An das Datum erinnert sie sich heute noch: 28. Juni 2001. Als sie zurück in ihrem Pfarrhaus sind, ruft Bahnsen die ersten Immobilienmakler an.

Pastoren, die in den Ruhestand gehen, sind grundsätzlich in einer besonderen Situation: Von ihnen wird erwartet, dass sie sich nicht in ihrer ehemaligen Kirchengemeinde niederlassen. Meistens sind viele und enge persönliche Beziehungen zu den Mitgliedern der Gemeinde gewachsen. Wenn die Alten im Ort bleiben, machen sie leicht dem Nachfolger das Leben schwer. Deshalb ist es normal, dass Pastoren kurz vor der Pensionsgrenze auch im weiteren Umfeld nach einer neuen Bleibe Ausschau halten.

Auch Magda Bahnsen sieht sich Wohnungen und Häuser in verschiedenen Städten an. München ist eine Möglichkeit, dort haben die Bahnsens früher gewohnt. Aber Häuser und Wohnungen sind zu teuer. Hamburg ist schön, aber zu weit entfernt. Eine erwachsene Tochter wohnt in Hamburg, die andere in München, was für einen Ort in der Mitte Deutschlands spricht. Göttingen kommt in Frage und scheidet dann doch wieder aus.

Schließlich bauen die Bahnsens ein Haus in Weimar, zentral gelegen und altengerecht. »Es ist für zehn Jahre gedacht, dann sehen wir weiter«, sagt Bahnsen. In den ersten acht Monaten waren schon über hundert Gäste in Weimar zu Besuch, darunter ein ganzer Bus voller Bekannten aus der alten Kirchengemeinde. Viele Freunde verstehen die beiden nicht. »Dass ihr euch in den Osten traut«, haben einige gesagt und den Kopf geschüttelt. Aber die Bahnsens fühlen sich wohl, auch wenn der Weg zu engen Freunden weiter ist. Richard Bahnsen kommt endlich zum Lesen. Seine Frau Magda hat schnell viele neue Bekanntschaften gemacht.

Einer davon ist der 42-jährige Carsten Meyer, Nachbar der Bahnsens und Geschäftsführer des Diakonischen Werks. Meyer ist überzeugt, dass Weimar als Rentnerwohnsitz eine

Zukunft hat. »Die Stadt ist preiswert, sicher und auch zu Fuß gut zu bewältigen, sie hat ein großes kulturelles Angebot und einen ICE-Anschluss«, zählt er auf. »Alles Pluspunkte für ältere Menschen. Sie dürfen bloß nicht zu sehr an ihrer Scholle hängen.«

Bisher ist es Meyer nicht einmal gelungen, seine eigene Partei von dem Konzept wirklich zu überzeugen: die Grünen, für die er einige Jahre Dezernent für Planen und Bauen war. Weimar sei nicht »Pensionopolis«, spotten Freunde. Viele fürchten eine allzu museale Atmosphäre in der Stadt. Der Sozialwissenschaftler kann die Zurückhaltung verstehen. »Die Menschen hier erleben, dass die Kinder in den Westen gehen, nicht dass Eltern in den Osten kommen«, sagt er. »Aber wir brauchen die Alten, damit die Jungen bleiben. Mehr Einwohner, egal welchen Alters, bedeuten mehr Mieter oder Hausbesitzer, mehr Konsum, mehr Jobs.«

Auch ein Pflegeheim sei doch ein Arbeitgeber, ein mittelständischer Betrieb, sagt Meyer: »Wenn ein Heim mit neunzig Betten eingerichtet wird, bekommen die Anwohner davon höchstens zehn Pflegebedürftige jemals zu sehen – und zusätzlich fünfzig junge Menschen, die dort arbeiten«. Ohnehin sei nur ein kleiner Anteil der Alten pflegebedürftig. Viele Rentner hätten noch zehn, zwanzig oder sogar dreißig gesunde Jahre vor sich

Weimar gehört zu den wenigen ostdeutschen Städten, deren Einwohnerzahl bisher nicht zurückgeht, sondern steigt. Möglicherweise liegt das auch am Zuzug von Älteren. Die Bahnsens sind nicht die einzigen Rentner, die sich für die Stadt begeistern, und die Wohnformen für Ältere ändern sich. Das klassische Altersheim kommt für viele der jungen Rentner nicht in Frage. Es sei ein »Auslaufmodell«, sagt Helmut Braun, Chef des Kuratoriums Wohnen im Alter. Noch leben in Weimar fünfzehn Prozent Studenten. In wenigen Jahren wird ihr Anteil infolge des Geburtenrückgangs deutlich kleiner sein. Meyer will das durch den Zuzug von Ruheständlern ausgleichen und testet in Gedanken schon Werbeslogans. »Alt werden mit Goethe«, fragt er, »klingt das nicht gut?«

5. Pflege und Gesundheit

Die Geschichte von Alfred Lambert ist die Geschichte einer schleichenden Entmündigung. In seinen letzten Monaten entgleitet ihm immer mehr: Erst das Essen, dann die Kontrolle über seine Finanzen, schließlich erkennt er die meisten Menschen aus seiner Umgebung nicht. Alfred leidet an Demenz, er hat zittrige Finger und verschüttet viel. Zunächst wird deswegen nur sein fleckiger blauer Lieblingssessel in den Keller verbannt. Am Ende trifft es ihn selbst, er muss ins Pflegeheim, wo er mehrfach versucht, sich umzubringen. Millionen von Lesern haben den Niedergang verfolgt. Der amerikanische Bestsellerautor Jonathan Frantzen schildert das Schicksal von Alfred, seiner Frau Enid und ihren drei erwachsenen Kindern Gary, Chip und Denise in seinem Roman »Die Korrekturen«. Es ist eine traurige Erzählung von einer altgewordenen Ehefrau, hilflosen und überforderten Kindern und von einem Vater, der sich seiner Leiden schämt und um ein Altern in Würde ringt.

Ohne Privatsphäre sei es völlig sinnlos, ein Individuum zu sein, denkt er einmal, als er bei einer Kreuzfahrt vom Boot stürzt, gerettet wird und sich anschließend wie ein kleines Kind behandeln lassen muss. »Abgesehen von der Blindheit auf einem Auge und der steifen Schulter und ein paar anderen Kleinigkeiten stimmte ja alles mit ihm, gleichwohl taten sie, als wäre er ein Idiot, ein kleiner Junge, ein Kretin. In ihrer gespielten Sorge, ihrer kaum verhohlenen Verachtung sah er die Zukunft gespiegelt, für die er sich im Wasser entschieden hatte. Es war eine Pflegeheim-Zukunft, und sie brachte ihn zum Weinen. Er hätte mal bloß ertrinken sollen.«

Frantzen hat einen Demographie-Roman geschrieben, das unterscheidet ihn von unzähligen anderen Chronisten der Nöte weißer amerikanischer Mittelschichts-Familien. Weil die Menschen älter werden und weniger Kinder haben, wird die Sorge um pflegebedürftige Eltern künftig immer häufiger prägendes Familienerlebnis sein. Es wird mehr erwachsene Töchter geben, die ihre Väter in peinlichen Situationen erleben wie Denise, die Alfred einmal nackt und mit einer Spritze im After auf dem Kellerboden liegend antrifft. Es werden mehr Söhne wie Chip von ihren Vätern angefleht werden, sie aus dem Pflegeheim zu befreien. Andere werden so schockiert sein wie Gary, der feststellt, dass beide Eltern ihre Finanzen nicht mehr überblicken.

Der Bevölkerungsrückgang führt nicht nur dazu, dass weniger junge Berufstätige viele Rentner finanzieren müssen; auch die Verhältnisse in den Familien ändern sich. Es wird häufiger vorkommen, dass sich ein Einzelkind gleich für vier alte, hilfebedürftige Menschen verantwortlich fühlen muss: zwei geschiedene Eltern und ihre Lebenspartner. Die Vier- oder Fünfzimmerwohnungen, die Architekten einst für die klassische Kleinfamilie entwarfen, werden dann vielleicht von kinderlosen Ehepaaren Mitte sechzig und ihren pflegebedürftigen Eltern genutzt. Heutzutage zeigen Eltern auf ihr Kind und sagen: »Da geht mein Porsche«, wenn sie deutlich machen wollen, worauf sie zugunsten der Familie verzichten. Vielleicht reden sie morgen so über ihre pflegebedürftigen Eltern. Vermutlich wird es zahlreiche Menschen geben, die mehr Jahre ihres Lebens mit der Altenpflege als mit der Kindererziehung verbringen. Einzelkinder der zweiten Generation haben heute schon oft keine Cousinen und Cousins mehr, dafür aber vier Großeltern, die wiederum keine anderen Enkel haben. Auf diese Einzelkinder kommen später auch mehr Pflegepflichten zu.

All diese Gedankenspiele betreffen allerdings die Alten von übermorgen. Falls sie wahr werden, wird dies geschehen, wenn die Generation der Babyboomer alt und hilfebedürftig ist. Zunächst wird es genug erwachsene Kinder geben, die sich um ihre Eltern kümmern können: die zahlreichen Angehörigen der geburtenstarken Jahrgänge. Sie werden sich allerdings auch stärker kümmern müssen. Kein Anteil der Bevölkerung wächst so schnell wie die Gruppe der über 60-Jährigen. Die Hälfte aller Menschen, die jemals älter als 65 wurden, sind momentan gleichzeitig auf der Welt. Sie sind viel gesünder und leistungsfähiger als vergangene Generationen, aber spätestens in fünfzehn oder zwanzig Jahren werden viele von ihnen Pflegefälle sein. Und dann, im hohen Alter, werden sie länger Hilfe brauchen als ihre Eltern und deren Generationsgenossen. Die Alten von morgen werden voraussichtlich viel mehr gute, gesunde Jahre erleben als ihre Vorgänger – aber zusätzliche schwierige Jahre stehen ihnen auch bevor.

Immer mehr Krankheiten, die früher zum schnellen Tod führten, dämmen die Ärzte heute ein, ohne sie komplett beseitigen zu können. Herzschrittmacher, Dialyse-Geräte für Patienten mit Nierenleiden, künstliche Därme und Hüftgelenke führen dazu, dass die Menschen älter werden. Aber die meisten von ihnen altern nicht ohne Leid. Deshalb rechnen Fachleute damit, dass die Pflegebedürftigkeit in Zukunft zwar später im Leben auftreten, sich dann aber über einen längeren Zeitraum hinziehen wird.

Das liegt teilweise an Krankheiten wie Alzheimer, die vorwiegend bei Hochaltrigen auftreten. Nach der Berliner Altersstudie leiden von den 70-Jährigen weniger als fünf Prozent an einer Form von Demenz, von den 80-Jährigen zwischen zehn und 15 Prozent – doch bei der Gruppe der 90-Jährigen trifft es bereits jeden Zweiten.

Früher waren solche Altersleiden selten, weil die Menschen jünger starben. Nun drohen sie zum Massenphänomen zu werden, wenn neue Therapien und Medikamente dies nicht verhindern. 1,5 Millionen Demenzkranke gibt es momentan in Deutschland. Bis zum Jahr 2020 werden es etwa doppelt so viele sein. Nach einer Schätzung des Instituts für Gesundheitssystemforschung in Kiel werden die volkswirtschaftlichen Kosten der Demenz in zehn Jahren 100 Milliarden Mark übersteigen. »Das ungelöste Problem der Zukunft ist der Umgang mit der Hochaltrigkeit, also der Zeit ab dem achtzigsten Lebensjahr«, sagt der Berliner Altersforscher Baltes.

Unsere Vorstellungen davon, wie alte Menschen ihre letzten Wochen und Monate verbringen sollten, stammen aus der Zeit von Großfamilien mit vielen Geschwistern und Enkeln, die am gleichen Ort leben. Noch werden mehr als 80 Prozent aller Pflegebedürftigen zu Hause betreut, in steigendem Umfang von professionellen Pflegekräften, aber oft werden sie auch von weiblichen Angehörigen zwischen 45 und 70 versorgt. Bei älteren Männern kümmert sich meist die Ehefrau, bei alten Frauen die nicht berufstätige Tochter oder Schwiegertochter. In den neuen Bundesländern pflegen mehr Männer als in Westdeutschland, was vermutlich mit der höheren Arbeitslosigkeit dort zusammenhängt. Die Pflegeversicherung bringt vielen Familien dringend benötigte Zusatzeinkünfte.

Die nächste Generation von Pflegebedürftigen braucht andere Modelle. Immer mehr erwachsene Kinder leben nicht am gleichen Ort wie ihre Eltern. Nicht nur die Söhne, sondern auch die Töchter und Schwiegertöchter haben fast immer Jobs. Oft haben sie auch Arbeitgeber, die Flexibilität und Mobilität erwarten. Gerade auf die Frauen der geburtenstarken Jahrgänge kommen deshalb schwierige Entscheidungen zu. Sie wissen, was von ihnen erwartet wird, wenn die Eltern Hilfe brauchen. Aber wie sollen sie diesen Erwartungen gerecht werden? Und wollen sie es überhaupt?

Viele Menschen, die Angehörige pflegen, werden selber krank. Manchmal quälen sie die hilfebedürftigen Alten und tragen mit Verspätung alte Konflikte aus der Kindheit aus. Oft ertragen sie die psychischen Belastungen nicht. Sie kommen nicht damit zurecht, dass die an Demenz erkrankte Mutter ihre Kinder nicht mehr erkennt und sich plötzlich Zahnpasta in die Haare schmiert. Sie sind hilflos, wenn der Vater sich nicht von der eigenen Tochter im Intimbereich waschen lassen will. Sie sind noch ratloser, wenn er andererseits keiner fremden Person Zugang zur Wohnung gewähren will.

In der gealterten Gesellschaft werden zunehmend auch Männer von diesen Konflikten geplagt werden. Womöglich sind sie darauf sogar besser vorbereitet als ihre berufstätigen Partnerinnen: Viele Männer aus der Generation der Babyboomer haben Zivildienst geleistet. Mancher hat also im Pflege- oder Altersheim den Umgang mit Hilfebedürftigen geübt.

Die Sorgen der Schwiegertöchter

Für die Mütter der Babyboomer war die Familie der Mittelpunkt des Lebens. Einige waren berufstätig, aber fast nie hatte die Arbeit Vorrang vor familiären Pflichten. Jetzt, im Ruhestand, ist für Frauen dieser Generation oft selbstverständlich, bedürftige Angehörige zu betreuen. Ihre Töchter hingegen suchen nach Kombinationen aus alten und neuen Rollenmodellen für Frauen, und in Deutschland tun sie sich damit besonders schwer. Umfragen zeigen, dass sich die meisten jungen Menschen eigene Kinder wünschen; dennoch sind in Deutschland ungefähr vierzig Prozent der Akademikerinnen des Jahrgangs 1965 kinderlos.

Frauen, die Familien gegründet haben und weiter berufstätig sind, hadern oft mit den schwer vereinbaren Anforderungen. Ihre Gefühlslage hat die britische Journalistin Allison Pearson in ihrem weltweit erfolgreichen Roman »Working Mum« so beschrieben: »Für meine Generation war die Mutterschaft ein Schock. Von Opferbereitschaft stand nichts in unserem Vertrag. Nach fünfzehn Jahren als unabhängige Erwachsene fühlte sich der plötzliche Verlust der Freiheit so an, als hätte man einen Arm oder ein Bein eingebüßt. Verwoben mit dem intensiven Gefühl der Liebe für das Baby war ein dünner Faden des Verlusts, und vielleicht werden wir diesen Schmerz für immer spüren – wie die Amputierten.«

Es ist nicht einfach, in Deutschland Berufstätigkeit und Mutterschaft zu verbinden. Wenn das Bewusstsein dafür nicht erst in den vergangenen Jahren gewachsen wäre, gäbe es mehr Unterstützung für Familien, und vermutlich hätten wir einen Teil der künftigen Demographie-Probleme nicht.

Umso wichtiger ist es deshalb, frühzeitig auf die nächste Zerreißprobe hinzuweisen: die schwierige Vereinbarkeit von Pflege und Beruf.

Hilfebedürftige Eltern zu betreuen kann ähnlich aufwändig sein wie die Erziehung kleiner Kinder. Beides erfordert oft rund um die Uhr Aufmerksamkeit, Zuneigung und Disziplin. In beiden Fällen ändert sich für die Verantwortlichen oft das ganze Leben. Bei der Familiengründung ist das meistens erwünscht, oft wird dieser Zustand sogar herbeigesehnt. Dagegen ist es normalerweise ein Schock, wenn der eigene Vater oder die Mutter pflegebedürftig wird. Es gibt auch keine neunmonatige Gewöhnungsphase wie die Schwangerschaft. Und mit den Jahren werden die Probleme nicht etwa kleiner, sondern größer. Wer bei einem Kleinkind die Windeln wechselt, weiß: Nach zwei, drei Jahren ist das Gröbste vorbei. Wer einen dementen Achtzigjährigen füttert, muss sich darauf einstellen, dass die Betreuung immer schwieriger wird.

Zwar werden durch die Pflegeversicherung diejenigen bezahlt, die sich um hilfebedüftige Angehörige kümmern. Aber die Konflikte von Berufstätigen löst das allein noch nicht. Eine fünfzigjährige Managerin mit Sechzig-Stunden-Woche, deren todkranker Vater in einer anderen Stadt wohnt, braucht nicht in erster Linie Geld, sondern einen kooperativen Arbeitgeber.

Ihr helfen womöglich Teilzeit-Modelle für Pflegende oder Möglichkeiten, befristet unbezahlten Urlaub zu nehmen. Der Gesetzgeber könnte dafür sorgen, dass Pflegende, die vorübergehend aus dem Job aussteigen, ihre Arbeitsplätze nicht verlieren – eine solche unbezahlte »Pflegezeit«, ähnlich der »Erziehungszeit« für Eltern, fordern bereits Politiker wie die saarländische Sozialministerin Regina Görner. Amerikanische Großunternehmen wie IBM oder Hewlett-Packard bieten heute schon Auszeiten für »eldercare« an. Der Autokonzern Ford und der Telekommunikationsriese AT & T organisieren für Mitarbeiter mit pflegebedürftigen Angehörigen eine kostenlose Beratung duch Fachleute. Vermutlich werden andere Arbeitgeber nachziehen, um qualifizierte Mitarbeiter zu binden. Die Zeit arbeitet für die pflegenden Frauen und Männer von morgen: Wenn sie an der Reihe sind, dürfte der Wettbewerb um Fachkräfte ausgeprägter als heute sein.

Außerdem wird es mehr Ludmilas oder Renatas aus Polen oder Rumänien geben, die sich heute schon in vielen Familien für 800 oder 900 Euro pro Monat um die kranke Oma kümmern oder dem Vater beim Waschen und Anziehen helfen. An die schwarz arbeitende Putzfrau haben sich viele Deutsche gewöhnt, genauso selbstverständlich könnte demnächst die illegal beschäftigte Pflegekraft sein. Vor allem für Osteuropäerinnen hat sich längst ein grauer Markt etabliert. Dabei haben ihre Heimatländer noch größere demographische Probleme als wir. Eine deutsche Frau hat durchschnittlich 1,31 Kinder, eine Bulgarin 1,21 und eine Tschechin sogar nur 1,17. Die Frauen, die womöglich für wenig Geld unsere Rentner waschen und füttern, werden auch von ihren eigenen Vätern und Großvätern gebraucht.

Die Pflege-WG

Meinhard Miegel warnt, es werde »eine hohe zivilisatorische Leistung« sein, den heutigen Standard an Altenpflege in zwanzig oder dreißig Jahren aufrechtzuerhalten. Diese Aussage ist beängstigend, denn in vielen Heimen werden alte

Menschen heute schon schlecht versorgt. Alte, die noch eine Toilette benutzen könnten, werden stattdessen gewickelt. Unruhige Patienten werden mit Tabletten ruhig gestellt. Statt Bettlägrige zu füttern, werden Magensonden eingeführt. Die Medizinischen Dienste der Krankenkassen und auch die verschiedenen Altenberichte der Bundesregierung haben solche Missstände in Pflegeheimen regelmäßig protokolliert. Die öffentliche Aufmerksamkeit dafür war bisher gering.

In den Medien erscheinen zwar immer wieder Skandalgeschichten über schlechte Pflegeheime, bei den Sozialstaatsdebatten der vergangenen Jahre stand die Not der hilfebedürftigen Alten jedoch selten im Vordergrund. Wenn über Solidarität und Gerechtigkeit gestritten wurde, ging es um Brillengestelle und um Zahnersatz, nicht darum, wie viele alte Menschen in deutschen Pflegeheimen Geschwüre haben. Vermutlich ertragen auch viele Politiker und viele Journalisten die Gedanken an die schwierigen letzten Lebensjahre schlecht.

Dabei hängt es nicht allein am Geld, wie gut es den Hochaltrigen heute und in Zukunft geht. Es gibt überzeugende Alternativen zum Heimaufenthalt, nur hört man wenig davon und die Politik tut nicht viel, um sie zu unterstützen. In mehreren Großstädten werden momentan Wohngemeinschaften für Pflegefälle erprobt – Mischformen aus Heim und Alten-WG. Allein in Berlin sind in den vergangenen Jahren ungefähr hundert Gemeinschaften dieser Art entstanden.

Im zweiten Stock einer 200-Quadratmeter-Wohnung in Berlin-Friedenau wohnen fünf pflegebedürftige Frauen und zwei Männer zwischen 50 und 94, ein Meerschweinchen und ein Wellensittich namens »Hansi«. Hansi pfeift zu

Schlagern von Zarah Leander und zu Liedern aus den Zwanzigern. Diesmal piepst er dazwischen, als die 94-jährige Frau Förster ihr Lieblingslied von der »Krummen Lanke«, einem Berliner Badesee, zum Besten gibt. Frau Förster, eine Dame mit Samtjacke, Perlenkette und weißblonden Locken, kennt alle Strophen auswendig. Als sie fertig ist, applaudieren die Mitbewohner, die zum Kaffeetrinken mit drei Pflegern rund um den langen Küchentisch sitzen.

Keiner der anderen hat ein ähnlich gutes Gedächtnis. Die Hälfte von ihnen sind Demenzpatienten, einige können sich nicht einmal an Sätze erinnern, die sie fünf Minuten zuvor gehört haben. Keiner käme allein zurecht. Die weißhaarige Frau Schmidt legt sich gern in fremde Betten. Frau Hagedorn hat kürzlich mit einem Filzstift ihre Initialen in alle zugänglichen Kleidungsstücke gemalt, in fremde und in die eigenen. Herr Günther, der früher die Damen charmierte und seinen Mitbewohnerinnen vor dem Essen den Stuhl an den Tisch schob, ist schwer krank und kann sein Bett nicht mehr verlassen. Herr Kassiorek, der zweite Mann der WG, ist blind. Täglich kommt eine seiner Töchter und hilft ihm beim Essen.

Es ist ein eigentümliches Leben, das die sieben WG-Bewohner miteinander führen. Sie können einander nicht viel mitteilen, aber für Freundschaften reicht es doch. Frau Hagedorn weicht kaum von der Seite der stillen Frau Müller, die sich um die Tiere kümmert und besonders oft beim »Mensch ärgere dich nicht« gewinnt. Bei den Mahlzeiten wollen die beiden stets nebeneinander sitzen, sie besuchen sich in ihren Zimmern und schauen gemeinsam fern. Kürzlich haben sie eine Pflegerin zum »Frauennachmittag« mit Salzstangen und Roséwein in das Zimmer von Frau Hagedorn gebeten und alte Platten aufgelegt.

Das Leben in der Gemeinschaft führt dazu, dass jeder und jede Einzelne mehr Wert auf die Außenwirkung legt. »Gerade alte Frauen, die allein in ihren Wohnungen leben, geben sich oft mit ihrem Aussehen nicht mehr große Mühe«, sagt die 37-jährige Krankenschwester Antje Germar, die einen ambulanten Pflegedienst leitet und die Alten-Wohngemeinschaft gegründet hat. In der Alten-WG in Berlin-Friedenau ist das anders. »Neulich hat sich eine der Frauen an einem Tag dreimal umgezogen, um möglichst schick zu sein. Und wenn der Friseur zu einer der Damen kommt, wollen alle anderen plötzlich auch«, erzählt Germar. Wie kleine Mädchen können die Rentnerinnen dann sein. Kürzlich haben sie sich alle die Fingernägel im gleichen Rosa-Ton lackiert. Und zum Kaffeetrinken hat sich nicht nur Frau Förster mit ihrer roten Samtjacke herausgeputzt. Frau Schmidt trägt eine frischgebügelte weiße Bluse, Frau Hagedorn ein edles schwarz-violettes Kleid.

Antje Germar hat fast alle Patienten ursprünglich in ihren Wohnungen gepflegt. »Es gibt viele Menschen, die nicht mehr allein zurechtkommen, aber auf keinen Fall ins Pflegeheim wollen. Und oft haben die Angehörigen auch einen Horror davor«, sagt sie. So entstand die Idee für die Pflege-WG. Nicht jeder ist allerdings dafür geeignet. Alle WG-Bewohner müssen zustimmen, wenn jemand aufgenommen werden will. Es kam schon vor, dass Neuzugänge wieder gingen, weil das Zusammenleben nicht funktionierte: Eine Mitbewohnerin musste ausziehen, weil sie nachts ständig mit einem Kleiderbügel an Türen und Möbel schlug und die anderen am Schlafen hinderte.

Fast alle vermissen die eigenen vier Wände, auch wenn jeder versucht, es sich mit Erinnerungsstücken in seinem Zimmer gemütlich zu machen. Aber für einige bedeutete der Umzug auch einen Abschied von viel Einsamkeit. In der großen WG-Küche ist immer Betrieb. Jeder hat ein Zimmer mit eigenen Möbeln, Bad und Küche werden geteilt. Wer mag, hilft vor den Mahlzeiten beim Tischdecken oder macht beim Kartoffelschälen mit. Geburtstage werden gemeinsam gefeiert, meistens backen die Angehörigen für alle.

Die Unterkunft ist nicht billiger als in einigen Pflegeheimen, aber die WG-Bewohner bekommen eine vergleichsweise intensive Betreuung für ihr Geld. Wie zuvor in den eigenen vier Wänden werden sie alle einzeln von einem ambulanten Pflegedienst versorgt. In der eigenen Wohnung hätte jeder nur Anspruch auf einige Stunden Pflege pro Tag. Durch das Zusammenleben reicht das Geld für eine Rund-um-Betreuung: In der ersten Tageshälfte sind drei Pflegekräfte gleichzeitig da, später eine von ihnen. Morgens kommt außerdem eine Krankenschwester, um Medikamente zu verteilen. Zusätzlich machen Praktikanten und manchmal auch die Angehörigen mit. Im gleichen Haus ist in einem höheren Stockwerk schon die nächste Pflege-WG entstanden. Notfalls helfen sich die beiden Gruppen aus, wie ganz normale benachbarte Wohngemeinschaften.

Gesünder altern

Der medizinische Fortschritt wird dafür sorgen, dass wir länger als unsere Vorfahren leben. Aber niemand weiß, ob uns das glücklich macht. Altersforscher erzählen oft eine griechische Sage, um zu verdeutlichen, worin das Problem zusätzlicher Jahre besteht: Eos, die Göttin der Morgenröte, verliebt sich in den Krieger Tithonus. Um für immer mit ihm zusammen sein zu können, bittet sie Zeus, ihm Unsterblichkeit zu verleihen. Zeus erfüllt ihre Bitte. Erst danach merkt Eos, dass sie vergessen hat, auch um ewige Jugend und Gesundheit für Tithonus zu bitten. Also altert ihr Geliebter wie ein Mensch, und Jahr für Jahr muss Eos mitansehen, wie sein Körper zerfällt. Schließlich bleibt nur ein Haufen fauliger Glieder übrig. Trotzdem kann Tithonus nicht sterben.

Wie qualvoll unsere letzten Lebensjahre werden, hängt entscheidend vom medizinischen Fortschritt der kommenden Jahre ab. Falls wirksame Mittel gegen Alzheimer oder gegen Krebs gefunden werden, ändert das Schicksale von Millionen. Ohne solche Durchbrüche leiden die Menschen vielleicht wie Tithonus. »Wir müssen mit dem Mythos aufräumen, dass der Fortschritt der Medizin die Menschen in Zukunft länger gesund erhält und so das Demographieproblem entschärft«, sagt der Regierungsberater und Ökonomieprofessor Bert Rürup. Es sei auch denkbar, dass neue Therapien die Lebensphase verlängern, in der die Menschen krank und pflegebedürftig sind. Für die Lebensqualität der Alten von morgen ist die Forschung der großen Pharmakonzerne mindestens so wichtig wie die nächste Rentenreform.

»Die meisten von uns werden lange leben, aber die Hälfte wird es hassen«, warnt deshalb auch Ken Dychtwald, Mediziner, Demographieexperte und Gründer der kalifonischen Beratungsfirma »Age Wave«, die er mit seiner Ehefrau Maddy leitet. In den Vereinigten Staaten konzentriert sich die Altersdebatte sehr viel stärker auf das Gesundheitswesen als in Deutschland. Lobbyisten wie Dychtwald fordern unter anderem mehr Geriatrie-Kenntnisse in der Ärzteschaft: Fachwissen über Altersleiden und die Besonderheiten hochaltriger Patienten müsse fester Bestandteil der Medizinerausbildung

bildung sein. Und sie drängen Pharmakonzerne und staatliche Forschungseinrichtungen, mehr Ressourcen auf den Kampf gegen die Alzheimersche Krankheit zu konzentrieren. Demenzpatienten seien »die Leprakranken des 21. Jahrhunderts«, schreibt Dychtwald.

Druck auf Konzerne auszuüben, um politische Ziele zu erreichen, hat in den Vereinigten Staaten eine andere Tradition als hierzulande. Die Verbraucherorganisationen sind einflussreicher als in Deutschland, was teilweise an der Schwäche anderer Großorganisationen wie der Gewerkschaften liegt. Aber auch die Größe des Landes spielt eine Rolle. In den Vereingten Staaten sitzen mehr multinationale Unternehmen als in jedem anderen Land der Welt, und die amerikanische Verbraucherlobby kann hier mehr Druck entfalten als jede andere nationale Verbraucherorganisation. In Deutschland hat nur die Ökologiebewegung gelegentlich Ähnliches versucht – mit dem Kampf gegen FCKW-haltige Spraydosen zum Beispiel oder mit Greenpeace-Aktionen gegen Ölkonzerne. Aber die meisten Gruppen richten ihre Kritik und ihre Forderungen ganz selbstverständlich an die Politik.

In den Vereinigten Staaten hat die sich langsam formierende Lobby der Babyboomer einiges von der amerikanischen Frauenbewegung der siebziger und achtziger Jahre abgeguckt. Damals protestierten feministische Basisgruppen dagegen, dass das gesamte Gesundheitswesen stark auf die Bedürfnisse von Männern ausgerichtet war; sie drängten auf bessere Brustkrebs-Forschung und verträglichere Verhütungsmittel. Medizinerinnen der Universität Boston brachten in einem kleinen Alternativverlag das Buch »Our Bodys, ourselves« heraus, das zum Klassiker der Frauenbewegung wurde und bis heute in Frauenbuchläden in aller

Welt zu kaufen ist. Die Frauengesundheits-Bewegung war so erfolgreich, dass inzwischen Männergruppen in aller Welt ihr Erbe antreten und spezielle Forschung oder auch Aufklärungsprogramme nur zur Männergesundheit fordern. Hierzulande setzt sich unter anderem die evangelische Kirche dafür ein.

Die Deutschen denken meist an Renten und Pensionen, wenn von Konflikten der Generationen die Rede ist. Dychtwald argumentiert, dass es sehr unterschiedliche Interessen von Jungen, Alten und Mittelalten auch bei der Ausrichtung der medizinischen Forschung gibt: Zu viel Geld fließe in die Linderung der Leiden von heute und zu wenig in Langzeit-Programme gegen die Volksseuchen von morgen. Für die Politik sei das bequemer, für die auf Quartalsergebnisse ausgerichteten Konzerne ebenfalls. »Wenn wir den Ausbruch von Alzheimer um nur fünf Jahre aufschieben könnten, würde die Häufigkeit dieser Krankheit um fünfzig Prozent sinken«, schreibt Dychtwald und beruft sich auf eine Untersuchung des National Institute on Aging. »Die Hälfte der Pflegeheim-Betten in Amerika bliebe leer, die Kosten würden dramatisch zurückgehen.«

Es hängt allerdings nicht nur an fernen Instanzen – dem Staat, der Pharmaindustrie, der Ärzteschaft –, wie gesund wir altern. Es liegt vor allem an uns selbst, an unserer Bereitschaft zu Sport, der richtigen Ernährung und einem ausgewogenen Lebensstil. Lange galt es eher als Angelegenheit für junge Menschen, sich um köperliche Fitness zu bemühen. Vertreter der Kriegsgeneration konnten im Rentenalter im Wesentlichen zwischen Tanztees, Gartenarbeit und Waldspaziergängen wählen. Inzwischen ist auch für sie das Sportangebot riesig. In öffentlichen Schwimmbädern sind die Rentner tagsüber längst in der Überzahl.

Ein Bewusstseinswandel ist auch bei den Jüngeren nötig. Sie haben vielfach noch nicht begriffen, dass ein gesunder Lebensstil nicht nur die Lebensqualität erhöht, sondern auch eine Variante der privaten Altersvorsorge ist. Viele aus der Generation der Babyboomer werden im Alter in irgendeiner Form arbeiten müssen, wenn sie ihren Lebensstandard halten wollen. Die gesetzliche Rentenversicherung wird dafür nicht reichen, und viele Babyboomer werden nicht genug sparen wollen oder können, um die Versorgungslücke zu schließen. Sie werden im Alter vermutlich auf vergleichsweise günstige Bedingungen auf dem Arbeitsmarkt stoßen. Wohl dem, der dann noch physisch und psychisch zu großen Taten in der Lage ist.

Gleichzeitig werden Krankheit und Gebrechlichkeit zu höheren Ausgaben als heute führen. Die Eigenbeteiligung der Patienten an Kosten für Medikamente und Behandlungen wird in den kommenden Jahren weiter steigen. Wer Spezialbehandlungen wünscht, wird sie häufiger als bisher selber tragen müssen. Krankheit im Alter bedeutet also künftig nicht nur physisches Leid, sie hat auch klare materielle Folgen. Die Ausgaben steigen, die Einnahmechancen sinken. Viele Arbeiter und Angestellte werden im Alter neu lernen müssen, wie Selbständige zu denken: Wer gesund lebt, investiert in die eigene ökonomische Leistungsfähigkeit. Der vielstrapazierte Begriff der Eigenverantwortung bekommt eine zusätzliche Bedeutung.

Noch ist das vielen Menschen nicht bewusst. Die Erfahrung, dass Krankheit harte ökonomische Folgen haben kann, ist den meisten Deutschen fremd. Sie scheint sich auf Behinderte und Berufsunfähige zu beschränken. Wer einen festen Job hat, bekommt bei Krankheit hundert Prozent seines Lohnes ausgezahlt. Wer einen Arzt aufsucht, bekommt die gleiche Behandlung wie fast alle anderen – nur zehn Prozent sind hierzulande privat versichert. Die 72 Millionen Mitglieder der Gesetzlichen Krankenversicherung haben Anspruch auf die gleiche Versorgung. In den Mehrbettzimmern der Krankenhäuser liegen Unternehmer neben Taxifahrern und Anwälte neben Bauarbeitern.

Dem Ideal von der klassenlosen Gesellschaft sind die Deutschen nirgendwo so nahe gekommen wie im Wartezimmer. »Krankenkassen-Sozialismus« nannte der frühere Wirtschaftsminister Karl Schiller das einmal.

Das solidarische System hat extrem viele Anhänger, in Umfragen ist die Zustimmung meistens auch größer als zur Renten- und Arbeitslosenversicherung. Auf zwei zusammenhängende Grundprinzipien können sich vom Gewerkschafter bis zum Wirtschaftsliberalen die meisten im Land verständigen: Niemand darf arm werden, weil er krank ist. Niemand darf krank sein, weil er arm ist.

Arme sterben früher

Das ist allerdings mehr Anspruch als Realität. Wie alt wir werden und wie gesund wir altern, hängt stark vom sozialen Status ab. Entscheidend für die Lebenserwartung und die Häufigkeit schwerer Krankheiten sind Bildung und die Höhe des Einkommens, das zeigen viele Untersuchungen. Selbst gute Erbanlagen können diese Faktoren nicht schlagen, und auch ein noch so solidarisches Krankenversicherungssystem ändert am sozialen Gefälle kaum etwas. Für den Gesundheitszustand verschiedener Bevölkerungsgruppen sind andere Faktoren wichtiger: Arme Menschen werden häufiger krank, sie sind öfter körperlicher und seelischer Gewalt ausgesetzt – und sie haben weniger Chancen, Belastungen durch Krankheit, Gewalt und Unfälle zu bewältigen. Der berühmte Arzt und Gelehrte Rudolf Virchow schrieb schon im 19. Jahrhundert: »Der Tod ist eine soziale Krankheit.« Der Satz stimmt immer noch. Gesundheit ist käuflich, Alter auch.

Herz-Kreislauf-Erkrankungen sind hierfür ein gutes Beispiel. Der Herzinfarkt gilt hierzulande zwar immer noch als Managerkrankheit, tatsächlich hat ein einfacher Arbeiter jedoch ein ungleich höheres Infarktrisiko. Teilt man die Bevölkerung in fünf Einkommensgruppen auf und vergleicht deren Krankheitsverläufe, so zeigt sich, dass Herz-Kreislauf-Erkrankungen im untersten Fünftel doppelt so häufig vorkommen wie im obersten Fünftel. Für Diabetes und Krebs sind die Zahlen ähnlich. Das ergab eine Präventionsstudie der Bundesregierung, für die Krankheitsbilder von 10000 Menschen verglichen wurden. Die Angehörigen des reichsten Fünftels unserer Gesellschaft erleiden zudem schwere Beeinträchtigungen ihrer Gesundheit im Schnitt sieben Jahre später als Vertreter der untersten Einkommensgruppe. Daher ist nicht erstaunlich, dass Männer aus der Spitzengruppe auch eine um sieben Jahre höhere Lebenserwartung als die Geringverdiener haben. Bei Frauen unterscheidet sich die Lebenserwartung sogar um zehn Jahre.

Manchmal lässt sich schon an der Postanschrift erkennen, wie groß die Chancen auf ein überdurchschnittlich langes Leben sind. Der Bochumer Regionalforscher Strohmeier hat für das Ruhrgebiet ermittelt, dass die Lebenserwartung in den ärmeren Städten und dort wiederum in bestimmten Stadtvierteln besonders niedrig ist. Im Villenviertel stirbt man später als im schlecht sanierten Hochhausblock. Ein neugeborener Junge in Gelsenkirchen wird etwa 70 Jahre alt, im Landesdurchschnitt liegt die Lebenserwartung bei 72 Jahren.

Die staatliche Gesundheitspolitik müsste eigentlich darauf abzielen, den Abstand zwischen Armen und Reichen zu verringern. Mitunter erreicht sie allerdings genau das Gegenteil – zum Beispiel durch Präventionsprogramme. Fast alle Krankenkassen versuchen, ihre Mitglieder zum gesunden Lebenswandel und zu Vorsorgemaßnahmen zu motivieren. Mit ihren Broschüren, Ernährungsratgebern, Bonusprogrammen und Informationsveranstaltungen erreichen sie allerdings meistens gerade die bildungsfernen Schichten nicht, die Ratschläge besonders nötig hätten.

Theoretisch könnte unser Rentensystem berücksichtigen, dass Geringverdiener im Durchschnitt früher sterben. Bei der privaten Lebensversicherung wird die Lebenserwartung einkalkuliert: Frauen leben im Durchschnitt länger als Männer und müssen deswegen für die gleiche monatliche Altersversorgung mehr einzahlen.

Die Gesetzliche Rentenversicherung funktioniert allerdings anders. Es gilt das so genannte Äquivalenzprinzip. Die Auszahlungen hängen von der Höhe der Einzahlungen ab. Geringverdiener erwerben weniger Ansprüche als Spitzenverdiener, die Lebenserwartung verschiedener Versichertengruppen wird nicht berücksichtigt. Bisher wurde das damit begründet, dass Kranke keine Nachteile erleiden sollten und außerdem Frauen und Männer gleich behandelt werden müssten. Das bedeutet Nachteile für die Ärmeren – weil sie kürzer Rente beziehen, bekommen sie nicht nur in absoluten Zahlen, sondern auch gemessen an ihren Einzahlungen weniger vom Versicherungssystem zurück als Wohlhabende.

In einer alternden Gesellschaft werden die Unterschiede im Gesundheitszustand der Einkommensgruppen größer werden. Vor allem drei Faktoren tragen dazu bei: Erstens wird es die Einheitsversorgung im öffentlichen Gesundheitssystem in der heutigen Form vermutlich nicht mehr lange geben. Alle politischen Parteien denken über eine Auffächerung des Leistungskatalogs nach – es soll Pflichtleistungen für alle sowie zusätzliche Wahlleistungen geben. Vieles, was der medizinische Fortschritt an neuen Therapien in den kommenden Jahren hervorbringt, wird nicht für alle finanzierbar sein. Wenn die Generation der Babyboomer alt ist, dürften viele neue Medikamente, chirurgische Methoden und Therapien angeboten werden, die ein längeres Leben ermöglichen – aber nicht jeder wird sie sich leisten können.

Hinzu kommt zweitens, dass ein gesunder Lebensstil mit höherem Einkommen einfacher ist. Wer es sich leisten kann, beim Essen auf Spitzenqualität zu achten, regelmäßig zum Ausspannen ans Meer zu fahren und vielleicht sogar das Fitnessprogramm mit einem privaten Trainer abzustimmen, der hat heute schon bessere Chancen, gesund alt zu werden als ein Geringverdiener, der sich überwiegend von Dosenbier ernährt. Hierbei wirken materielle und immaterielle Faktoren zusammen. Gesunde Ernährung hängt vom Einkommen ab – aber Bildung und Gesundheitsbewusstsein des Einzelnen fallen mindestens ebenso ins Gewicht. Fastfood ist nicht immer preiswerter als billiges Saisongemüse. Mit etwas Aufwand kann man sich auch für wenig Geld gesund ernähren. Man muss allerdings wissen, warum der Weg zum Gemüsestand eine gute Entscheidung ist.

In Zukunft wird das Angebot an Ratgebern, Reisen, Sport- und Ernährungsangeboten für ein gesünderes Leben weiter steigen. Es ist absehbar, dass die Wellness-Branche zu den größten Wachstumssektoren der kommenden Jahre gehören wird. Je wohlhabender ein Land ist, desto mehr gibt seine Bevölkerung für Gesundheitsleistungen aus – die Ausgaben für Gesundheit steigen schneller als das Bruttosozialprodukt. Das Geld fließt nicht nur in die medizinische Versorgung, sondern auch in Kuren, Schönheitspflege und Fitnessprogramme aller Art. Je älter die Gesellschaft wird, desto mehr werden Menschen dafür ausgeben, sich jung zu fühlen und jung auszusehen.

Es gibt noch einen dritten Grund dafür, dass Gesundheit und Lebenserwartung in Zukunft noch stärker als bisher vom Einkommen abhängen werden: Die Rolle des Patienten ändert sich. Das Internet hat ihn im Verhältnis zum Arzt stärker gemacht. Noch nie waren so viele Kranke über Heilungsmethoden und Genesungschancen so gut informiert. Viele chronisch Kranke tauschen sich seit langem im Internet über ihre Erfahrungen aus – und gute Mediziner geben ihren Patienten Hinweise, wo sie die besten Informationen finden können.

Amerikaner verweisen oft auf die Krankengeschichte von Andy Grove, dem früheren Chef des Halbleiterkonzerns Intel. Er war an Prostata-Krebs erkrankt und informierte sich mit großer Ausdauer im Internet über mögliche Therapien. Allmählich entwickelte sich Grove zum Fachmann in eigener Sache, las genau nach, was unterschiedlichste Experten für richtig hielten und entschied sich schließlich für eine andere Behandlungsmethode als sein Arzt empfohlen hatte. Grove wurde wieder gesund – und die Medien feierten ihn dafür.

Inzwischen haben die meisten Menschen in den entwickelten Ländern Zugang zum Internet. In der Zeit ab 2015, wenn es hierzulande besonders viele alte Menschen geben wird, wird dies erst recht der Fall sein. Aber auch dann wird längst nicht jeder es annähernd so intensiv wie

Andy Grove nutzen können. Die Wissensgesellschaft verschärft soziale Gegensätze. Viele Menschen werden komplizierte medizinische Informationen weder beschaffen noch verstehen können – und deswegen ihrem Arzt so stark vertrauen müssen wie eh und je.

Die Kosten des Sterbens

In vielen deutschen Kliniken gibt es kleine Kapellen. Immer wieder finden dort Trauergottesdienste statt – für Menschen, die in der Klinik sterben und für die niemand eine größere Beerdigung organisiert. Jeder zweite Deutsche stirbt in einem Krankenhaus.

Für die Tage und Wochen vor dem Tod fehlen klare Regeln. Offiziell müssen die Ärzte jedes Leben um jeden Preis retten – es sei denn, die Patienten und ihre Angehörigen sprechen sich ausdrücklich gegen »lebensverlängernde Maßnahmen« aus. Das tun nur wenige. Dafür muss man bereit sein, sich mit dem heiklen Thema beizeiten zu beschäftigen und möglichst eine schriftliche »Patientenverfügung« aufzusetzen. Sonst ist die so genannte passive Sterbehilfe nicht erlaubt.

Und so wendet der Medizinbetrieb riesige Summen auf, um für alte, kranke Menschen das Ende ein wenig aufzuschieben. Ungefähr siebzig Prozent der Gesundheitskosten, die ein Mensch im Durchschnitt verursacht, fallen in den letzten zwei Lebensjahren an. In Zukunft wird es noch mehr technische Möglichkeiten geben, das Sterben zu verzögern. Und es wird härter darum gerungen werden, ob und wann dies im Interesse der Todkranken, ihrer Angehörigen und der Beitragszahler ist.

Bisher liegt es beim einzelnen Arzt, welche Methoden angewendet werden. Der allgemeine Auftrag, Leben zu retten, ersetzt seine konkreten Entscheidungen über Medikamente oder Sauerstoffgeräte nicht. Viele Mediziner fühlen sich deshalb überfordert. Auf die Entscheidung, wie lange ein Koma-Patient auf der Intensivstation bleiben soll, bereitet kein Medizin-Studium vor. Der Wunsch nach eindeutigen Regeln für die passive Sterbehilfe kommt deshalb auch aus der Ärzteschaft. Auch viele Angehörige fühlen sich den Entscheidungen über Leben und Tod nicht gewachsen, die mit der modernen Apparatemedizin immer häufiger nötig werden könnten. Eigentlich müssten die Krankenhäuser psychologische Dienste anbieten – oder Seelsorger müssten sich stärker um Menschen mit sterbenden Angehörigen kümmern, statt ihnen erst nach dem Tod und bei der Beerdigung beizustehen.

Untersuchungen zeigen, dass Mediziner im Allgemeinen sehr genau abwägen, welche Behandlungen bei älteren Menschen sinnvoll sind. Unmittelbar vor dem Tod sind die Behandlungskosten hoch, für die Jahre davor gilt das jedoch nicht. Bei gleicher Krankheit kostet die Behandlung eines 90-Jährigen nicht einmal halb so viel wie bei Personen zwischen 55 und 60 Jahren. Das liegt vor allem daran, dass viele Therapien im fortgeschrittenen Alter zu riskant sind und ein Rentner mit schwachem Herz beispielsweise eine Hüftoperation schlechter als ein junger Mensch übersteht.

Hilke Brockmann, Professorin für Soziologie an der Universität Bremen und ausgewiesene Expertin für Fragen des demographischen Wandels, hat anhand der Daten von 430 000 AOK-Versicherten in Westfalen-Lippe und in Thüringen Behandlungen von Patienten verschiedener Altersgruppen untersucht. Ihr Ergebnis war eindeutig: Für Ältere wird deutlich weniger Aufwand betrieben. »Die Jüngeren werden bei den Therapieentscheidungen der Ärzte bevorzugt«, sagt sie. Die Professorin vermutet, dass auch Wissenslücken der Ärzte bei deren Therapieentscheidungen eine Rolle spielen. Weil das medizinische Wissen über die optimale Behandlung alter Menschen generell gering ist und die Altersgruppe der Männer und Frauen über 65 in klinischen Studien oft nicht berücksichtigt wird, sei die Behandlung von Älteren den Ärzten womöglich zu riskant. Die Mediziner könnten fürchten, dass ihre alten Patienten eine körperlich stark belastende Behandlung nicht überstehen und der Tod ihnen anschließend als Folge einer fachlichen Fehleinschätzung angelastet wird.

Brockmann befürchtet zudem, dass nicht immer nur medizinische Argumente ausschlaggebend sind, sondern auch »eine bewusste oder auch unbewusste Rationierung« – also eine stille Übereinkunft, wonach sich großer Aufwand bei Älteren nicht lohnt.

In politischen Debatten wird häufig davor gewarnt, die demographische Entwicklung werde das heutige Gesundheitswesen auf Dauer unbezahlbar machen. Tatsächlich sind Prognosen für kaum einen Bereich so schwierig. Die Alterung allein sorgt nicht zwangsläufig für dramatisch höhere Kosten. Die Verteilungskonflikte dürften aber härter werden, weil das Angebot medizinischer Leistungen für alte Menschen steigen und kaum für alle bezahlbar sein wird.

Andere europäische Länder gehen mit dem Altersthema heute schon brutaler um: In Großbritannien ist es für Siebzigjährige nahezu ausgeschlossen, eine neue Hüfte zu bekommen. Sinnvoll sind solche starren Altersgrenzen schon wegen der großen Unterschiede zwischen Gleichaltrigen nicht. Eine Behandlung, die für den einen Mittsechziger sinnvoll ist, kann bei dem anderen komplett misslingen. Die Unterschiede innerhalb der gleichen Altersgruppe dürften in Zukunft noch markanter sein.

Welche Gesundheitsversorgung die Alten von morgen bekommen werden, hängt maßgeblich von der Entwicklung auf dem Arbeitsmarkt ab. Je gesünder und qualifizierter die Alten von morgen sind, desto länger können sie erwerbsfähig sein und die Sozialversicherungen mitfinanzieren. Im Idealfall gäbe es dann zwar mehr teure Behandlungen für 90-Jährige – aber auch mehr belastbare Sechzigjährige, die dies durch ihre Beiträge finanzieren. Der Konflikt über die Gesundheitsleistungen für Alte würde entschärft.

Es ist auch ungewiss, wie stark der medizinische Fortschritt die Ausgaben künftig in die Höhe treiben wird. Die wissenschaftlichen Untersuchungen ergeben kein einheitliches Bild. Einige Forscher haben alarmierende Prognosen vorgelegt. Der Ökonomieprofessor Eckhard Knappe von der Universität Konstanz warnt beispielsweise vor einem Anstieg der Versicherungsbeiträge von heute rund 13 auf 25 Prozent der Bruttolöhne. Friedrich Breyer, Gesundheitsökonom beim Deutschen Institut für Wirtschaftsforschung in Berlin, erwartet eine Verdopplung der Versicherungsbeiträge. Seine Schweizer Kollegen Peter Zweifel und Stefan Felder hingegen erwarten keine allzu großen Änderungen – weil sich die kostenintensive Sterbephase nur verschiebe, ansonsten aber die Versorgung alter Menschen nicht überdurchschnittlich teuer sei. Zwischen diesen Polen liegen die Vorhersagen der meisten Experten.

Eine weitere Untersuchung der Bremer Professorin Brockmann zeigt, wie schwierig auch Prognosen über den medizinischen Fortschritt sind. Während die meisten Fachleute mit Kostenschüben rechnen, verweist Brockmann darauf, dass die durchschnittliche Verweildauer im Krankenhaus seit einiger Zeit deutlich sinkt. Auch komplizierte Krankheiten werden offenbar schneller als bisher geheilt. Der Sparzwang der Kliniken mag zu diesem Ergebnis beitragen – mitunter sind Klagen zu hören, wonach Patienten »blutig entlassen« werden. Aber die Untersuchung erinnert daran, dass die Anwendung neuer Heilmethoden auch Kosten senken kann.

Angst vor den teuren alten Wählern

Die künftige Finanzierung des Gesundheitssystems kann ebenfalls Folgen für die Versorgung der Alten von morgen haben. In Deutschland werden Sozialleistungen, anders als beispielsweise in Großbritannien, nicht aus dem Steueraufkommen finanziert. Viele Experten halten das für einen Vorteil. Angeblich ist auf diese Weise die Gefahr geringer, dass die Politik bei kurzfristigen Haushaltsengpässen nach Gutdünken bei Gesundheitsleistungen spart und kürzt.

Dem stehen allerdings mehrere Nachteile gegenüber. Zum einen verteuern die stattdessen erhobenen Abgaben auf Löhne und Gehälter menschliche Arbeit und verringern Beschäftigungschancen. Mittlerweile wird das in der Öffentlichkeit breit diskutiert. Gravierend ist aber auch eine zweite, viel weniger beachtete Konsequenz: In politischen Debatten wägen wir nur selten die Ausgaben für Gesundheit und für andere Ziele wie Bildung gegeneinander ab. Dies liegt auch daran, dass nicht beides durch den gleichen Etat finanziert wird. In Ländern mit steuerfinanzierten Sozialsystemen ist das anders, etwa in Skandinavien. Dort lässt sich jedes Jahr im Etatentwurf der jeweiligen Regierung ablesen, wie sie ihre Prioritäten setzt. Und es ist auch für jeden Wähler leicht nachvollziehbar, dass mehr Geld beispielsweise für die nationale Verteidigung zu Lasten anderer Bereiche wie dem Straßenbau gehen muss, wenn Steuern und Schulden nicht steigen sollen.

Eigentlich müsste auch hierzulande in der Gesundheitsdebatte viel stärker über Alternativen gesprochen werden. Geld, das für Krankenhäuser ausgegeben wird, kann nicht in Ganztagsschulen fließen oder in die Forschungsförderung oder zur Tilgung von Staatsschulden verwendet werden. Weil wir das nicht tun, wirkt fast jede Kürzung im Gesundheitswesen zunächst unsozial. Setzt man sie ins Verhältnis zu anderen politischen Zielen, kann das anders sein.

Experten wie Karl Lauterbach, Leiter des Instituts für Gesundheitsökonomie an der Universität Köln und Berater der rot-grünen Bundesregierung, fürchten, dass ein steuerfinanziertes Sozialsystem in einem Land alter Menschen besonders anfällig für den Druck der Rentnerlobby ist. Die Parlamentarier, die in Haushaltsberatungen alljährlich über den genauen Umfang des Gesundheitsetats entscheiden müssten, würden sich dem Willen dieser großen Wählergruppe beugen und mehr Geld für Krankenhäuser oder Pflegekräfte bewilligen als für Zukunftsinvestitionen. Für Lauterbach ist das eines der stärksten Argumente für eine beitragsfinanzierte Bürgerversicherung, für die er seit langem wirbt.

Die Warnung des Kölner Mediziners ist bezeichnend für die Altersdebatte. Zwei entgegengesetzte Szenarien dominieren in der öffentlichen Diskussion: Einerseits das Szenario von gierigen Rentnern, die im gealterten Deutschland höhere Ausgaben für Renten und Gesundheit erzwingen werden. Für Bildung und Forschung bleiben wenig Mittel – solche Investitionen zahlen sich erst in der Zukunft aus, und die interessiert in diesem Szenario die Mehrheit der Alten nicht. Zu dieser pessimistischen Sicht neigen viele Politiker. Häufig heißt es, für Reformen des Sozialstaats gebe es nur noch ein »Zeitfenster« von etwa zehn Jahren – anschließend werde die Macht der Alten so groß sein, dass sich Kürzungen kaum noch durchsetzen lassen.

Im zweiten Szenario haben die Jungen Macht. Sie sind zwar in der Minderheit, aber sie müssen das Geld für die Versorgung der Alten verdienen – und können es notfalls auch verweigern. Zu dieser Sicht neigen einige Experten wie Meinhard Miegel. Auch FAZ-Herausgeber Frank Schirrmacher zeichnet ein ähnliches Bild. »Wir werden uns in den Schutz der Jungen begeben«, schreibt er. »Die Jungen sind weniger, aber sie sind stark: Es sind die Polizisten, die Bankbeamten, die Journalisten, die Ärzte, die Krankenschwestern, die sich gegen uns auflehnen werden, wenn wir wirklich beabsichtigen, mit Hilfe unserer Wählerstimmen uns als ausbeutende Klasse über sie zu erheben.« An anderer Stelle warnt er gar: »Sie tragen unser Erbgut, und manche spekulieren sicher auch auf unser Erbe. Die Babyboomer, die dann die Alten sein werden, haben einst ihre kapitalistischen Eltern mit Marx und Freud aus der Fassung gebracht. Die Jugend von morgen wird den Darwinismus entdecken.«

Schirrmacher ist überzeugt, dass vor allem die gängigen Klischees über das Alter und der Jugendkult der Unterhaltungsindustrie die Herrschaft der Jungen begründen: »Die Jungen töten die Alten, indem sie die Identität der Alten zerstören. Das geschieht fast ausschließlich mit den Mitteln der Sprache und der Bilder.« Warnungen vor einer Diktatur der Jungen finden in den Medien viel Raum, ausgeschmückt beispielsweise mit Fantasien von Tausenden verwirrter Demenzpatienten, die hilflos durch die Straßen irren, weil das Geld für ihre Betreuung fehlt.

Dass beide Gedankenspiele so wenig zusammenpassen, legt schon nahe, dass es in den demographisch schwierigen Jahren ab 2015 weder eine Diktatur der Alten noch eine Herrschaft der Jungen geben wird. Wahrscheinlicher ist, dass auch in Zukunft andere Trennlinien zwischen Starken und Schwachen, Mächtigen und Einflusslosen entscheidend sein werden. Ein hohes Einkommen wird jugendliches Aussehen und Auftreten erleichtern, Jugendlichkeit wiederum wird helfen, Einkommen und Status zu erzielen. Die sozialen Unterschiede nehmen zu. Es wird Achtzigjährige geben, die dank ihrer Kleidung und Ernährung, vielleicht auch aufgrund von Schönheitsoperationen und jüngeren Ehefrauen wie Sechzigjährige wirken – und Mittfünfziger, die zwanzig Jahre älter scheinen.

Das Lebensgefühl der Alten von morgen wird sehr unterschiedlich sein, und deshalb wird es den Alten von morgen schwer fallen, gemeinsame Interessen zu artikulieren. Bei lokalen Abstimmungen kann dies mitunter gelingen – wie heute schon in amerikanischen Rentnerkolonien wie Sun City in Arizona, wo die Alten auf weniger Ausgaben für öffentliche Schulen drängten. Doch schon bei der Wahl von Senatoren und Kongressabgeordneten ist die Lage eine andere. Im sonnigen Florida, wo besonders viele amerikanische Rentner leben, konnten die Demokraten nie auf sichere Mehrheiten zählen, obwohl sie fast immer höhere Sozialausgaben für Alte forderten als die Republikaner und obwohl die mächtige Rentnerorganisation AARP sie meistens unterstützte. Doch bei vielen gesellschafts- und außenpolitischen Themen von der Homo-Ehe bis zum Irak-Krieg fanden die Republikaner mehr Zustimmung bei den Alten. So liegen die beiden großen Parteien im südöstlichen Bundesstaat in etwa gleichauf.

Die deutschen Babyboomer haben im Alter ebenfalls die Wahl. Sie können versuchen, ihre rechnerische Stimmenmehrheit gegen Rentenkürzungen und für höhere Gesundheitsbudgets einzusetzen. Sie können sich aber auch um einen Interessenausgleich mit den Jungen von morgen bemühen. Frank Schirrmacher (Geburtsjahr 1959) und Karl Lauterbach (Geburtsjahr 1962) gehören selbst zu den geburtenstarken Jahrgängen, die das Klima einst prägen werden. Wenn sie alt sind, wird über die Verteilung der Macht zwischen den Generationen neu entschieden. Das Ergebnis ist noch nicht so klar, wie beide unterstellen.

6. Alte und Neue Welt

Einer der beliebtesten Clubs von Ho-Chi-Minh-Stadt, dem früheren Saigon, heißt »Apocalypse Now«. An den Abenden kommen junge Vietnamesen aus allen Teilen der Stadt hierher, meist mit kleinen Mofas, auf denen sich zwei, manchmal auch drei oder vier Menschen drängen. Der Club selbst ist ein düsterer Laden, in einem Hinterzimmer kann man Billard spielen. Sein Name erinnert an eine Zeit, die ein Großteil der Bevölkerung nur noch aus Büchern, Filmen und Erzählungen kennt. Jeder zweite Vietnamese ist nicht einmal 25 Jahre alt.

Noch sind die Folgen des Krieges überall im Land zu sehen. Die Berge rund um die alte Kaiserstadt Hué haben so viele Krater, dass sie von weitem aussehen, als hätten sie Pockennarben. Bis heute wachsen nur wenige Bäume dort. Die amerikanische Luftwaffe hatte in der Region das hochgiftige Entlaubungsmittel »Agent Orange« versprüht, um Verstecke des Vietcong besser finden zu können; es wirkt noch immer. An den Touristenstätten trifft man auf Gruppen von Kriegsveteranen aus den Vereinigten Staaten und aus Kanada, die auf Rat ihrer Therapeuten die Region erneut aufsuchen.

Für diese merkwürdigen Touristen sind Begriffe wie »Agent Orange« oder Ortsnamen wie »My Lai« mit grausigen Erinnerungen verknüpft. Aber auch für Millionen von Gleichaltrigen überall auf der Welt haben diese Namen einen besonderen Klang. Man erinnert sich an Fernsehbilder von blutüberströmten Kriegsopfern; mancher hat gegen die Übergriffe der Amerikaner demonstriert. Und viele haben »Apocalypse Now«, Francis Ford Coppolas legendären Vietnamkriegsfilm, damals im Kino gesehen.

Das Lebensgefühl junger Nationen: Beispiel Vietnam

Für viele junge Vietnamesen dagegen gehören diese Begriffe zu einer Vergangenheit, von der vor allem Eltern, Lehrer und Vertreter der kommunistischen Regierung häufig reden. Sie selbst sind eher unpolitisch. Und sie brennen darauf, die ökonomischen Erfolgsgeschichten von wohlhabenderen asiatischen Staaten wie Thailand oder Malaysia zu kopieren. Wenn sie an Amerika denken, denken sie nicht zuerst an Bomben. Sie denken an Hollywood-Filme, an Britney Spears oder an American Express. Die Demographie arbeitet für die Amerikaner.

Was heißt es für die Mentalität einer Nation, wenn ihre Bevölkerung nur eine kurze Phase der Geschichte aus eigenem Erleben kennt? Zum Vergleich müsste man sich vorstellen, die Hälfte der Deutschen sei 1979 oder später geboren, habe also die alte Bundesrepublik oder die DDR nur als Kind wahrgenommen. Viele Diskussionen würden anders verlaufen. Wahrscheinlich würde sich kaum jemand für die Frage interessieren, ob der Außenminister Joschka Fischer einst im fernen Frankfurter Häuserkampf tatsächlich Steine geworfen hat. Der Deutsche Bundestag hat darüber Anfang 2001 hoch emotional debattiert. Möglicherweise würde stattdessen intensiver über die Erfahrung der deutschen Einheit gesprochen, die unsere Historiker bisher wenig zu interessieren scheint. Mit der Lebenserwartung verändert sich das kollektive Gedächtnis eines Landes – und damit die Auswahl der Themen, die seine Bevölkerung für wichtig hält.

Oft wird unterstellt, dass sich die Alterung einer Gesellschaft in politischen Entscheidungen vor allem dann niederschlägt, wenn über Renten, Pflege oder über die Gesundheitsversorgung verhandelt wird. Dabei haben die Deutschen im Wahljahr 2002 gerade erst erlebt, wie entscheidend die Altersstruktur eines Landes auch bei anderen Fragen sein kann. Dass sich der Wahlkämpfer Gerhard Schröder auf ein klares »Nein« zum Irak-Krieg festlegte, wurde besonders von den Älteren, den Vertretern der Kriegsgeneration, honoriert.

Der demographische Wandel wird dazu führen, dass Nationen mit langem und kurzem Gedächtnis gemeinsam über Krieg und Frieden entscheiden. In gewisser Weise ist das nicht neu, schließlich gab es stets Unterschiede der Lebenserwartung zwischen erster und dritter Welt. Die Abstände sind allerdings deutlich gewachsen, und sie werden in den kommenden Jahren weiter zunehmen. Der Unterschied des Durchschnittsalters zwischen der jüngsten und der ältesten Gesellschaft, zwischen Jemen und Japan, beträgt heute 27 Jahre – noch 1954 waren es nur 3,4 Jahre. Bis 2015, also innerhalb eines überschaubaren und einigermaßen zuverlässig prognostizierbaren Zeitraums, wird der durchschnittliche Jemenit 32 Jahre jünger sein als der durchschnittliche Europäer und 34 Jahre jünger als der durchschnittliche Japaner.

»Der globale Alterungsprozess hat einen weltweiten Generationenabstand aufgerissen: Die reichsten und am weitesten entwickelten Länder sind viel stärker gealtert als die ärmsten und am wenigsten entwickelten«, schreibt Paul S. Hewitt, ehemals Direktor der Initiative »Global Aging« beim Center for Strategic and International Studies (CSIS) und mittlerweile Leiter der Politikabteilung im amerikanischen Sozialministerium.

Das CSIS ist ein einflussreicher konservativer Think Tank mit Sitz in Washington. In den vergangenen Jahren hat es immer wieder Studien zum demographischen Wandel publiziert, meistens mit finsteren Prognosen für die europäischen Länder. Auch Hewitt warnt davor, dass sowohl Länder mit stark wachsender als auch Staaten mit stark schrumpfender Bevölkerung »Herde wirtschaftlicher und politischer Unruhe« sein werden. »Europa und Japan, rasch alternd, werden mit der wachsenden Last uneinlösbarer Rentenversprechen zu kämpfen haben – in Volkswirtschaften, die durch Arbeitskräftemangel und sinkende Konsumentenzahlen ohnehin geschwächt sind. Gleichzeitig werden die jüngsten Regionen der Welt – insbesondere Afrika südlich der Sahara und der Nahe Osten – von jungen Menschen überschwemmt werden«, prognostiziert der Wissenschaftler. »Die kommenden Jahrzehnte werden massive Migrationsbewegungen aus diesen verarmten Regionen in ein sich entvölkerndes Europa erleben, dessen Wohlfahrtsstaaten nicht darauf eingerichtet sind, die Einkommensungleichheit abzufangen, die das mit sich bringen wird.«

Kanonen oder Rollstühle

Hewitts pessimistischer Blick auf das alternde Europa ist für die amerikanische Debatte nicht ungewöhnlich. Seine Prognosen sind pointiert, aber Hewitt ist kein Außenseiter. *Aging* mit all seinen Facetten wird in den Vereinigten Staaten seit Jahren intensiv diskutiert. Das liegt vor allem daran, dass die geburtenstarken Jahrgänge älter sind als die deutschen Babyboomer und kurz vor der Rente stehen. Das schärft den Blick, auch für die Probleme anderer Länder. Oft werden demographische und außenpolitische Szenarien miteinander verknüpft, was hierzulande eher ungewöhnlich ist. Deutsche Politiker denken zuerst an Renten, an Frühpensionäre, an Zuwanderung und – neuerdings – an Familienpolitik, wenn über den demographischen Wandel gesprochen wird. Amerikanische Politiker sprechen über die Finanzierbarkeit des Gesundheitssystems, über Alzheimer, über Einwanderer und eben über geostrategische Fragen.

Das liegt an der Größe des Landes und seiner Rolle als Weltmacht, aber auch daran, dass die Altersversorgung der Amerikaner eine globale Angelegenheit ist. Die großen Pensionsfonds investieren ihr Geld überall auf der Welt. So kommt es, dass amerikanische Sozialexperten sich für die Stabilität der chinesischen Ökonomie interessieren und für internationale Beziehungen, während amerikanische Diplomaten sich ihrerseits mit der Alterung in Russland oder den sozialen Sicherungssystemen in Asien beschäftigen.

Längst ist der Zusammenhang von Demographie und Außenpolitik in den Vereingten Staaten kein Expertenthema mehr. Über den so genannten *youth bulge*, den besonders hohen Anteil junger Männer in der arabischen Welt, wird in Talkshows und an Stammtischen palavert. Der islamische Fundamentalismus, so eine gängige, aber fragwürdige Theorie, werde vor allem durch die hohe Zahl von *young men desperate for positions* befördert – durch junge Männer ohne soziale und berufliche Perspektiven. In Ländern mit einem besonders hohen Anteil solcher jungen Männer sei die Gewaltbereitschaft besonders groß, argumentiert auch der Bremer Völkermordforscher Gunnar Heinsohn. Diese Staaten seien besonders häufig in Kriege verwickelt.

Das Berlin-Institut für Bevölkerung und globale Entwicklung hat Daten von 159 Ländern ausgewertet und anhand der Ergebnisse die Schwächen von Heinsohns Thesen deutlich gemacht. Zu viele Staaten passen nicht in das Schema – etwa friedliche Nationen mit Jugendüberschuss wie Brasilien oder Sambia. Vielleicht sind die jungen Männer hier ebenfalls enttäuscht, wütend und entmutigt – aber sie zetteln offenbar weniger Konflikte an. Auch in vielen anderen Ländern taugt der Bevölkerungsaufbau nicht als Erklärungsraster. In Ruanda kam es zum millionenfachen Genozid, während Botswana oder Ghana trotz vergleichbarer demographischer Struktur seit fünfzig Jahren konfliktfrei sind. In Asien gab es in den sechziger Jahren viele bewaffnete Konflikte, ein Überhang an jungen Männern folgte erst Mitte der Siebziger – und in dieser Zeit ging die Kriegsgefahr deutlich zurück.

Dennoch ist die Theorie vom *youth bulge* populär. Im amerikanischen Präsidentschaftswahlkampf des Jahres 2004 argumentierten beide Bewerber, Amtsinhaber George Bush und sein Herausforderer John F. Kerry, oft mit der Bevölkerungsstruktur arabischer Länder, wenn es um die Folgen des Irak-Konfliktes ging. Schon deshalb wird die internationale Dimension der Alterung auch die Deutschen künftig stärker interessieren müssen: Wenn ein Teil der politischen Klasse Amerikas verschiedene Regionen der Welt unter anderem nach ihrer demographischen Verfassung beurteilt, wenn die Europäer deswegen gar als schwächelnde Partner beurteilt werden, dann müssen sie ihrerseits früher oder später eine Haltung dazu entwickeln.

In der Sache lässt sich nicht nur über den *youth bulge,* sondern auch über die Analysen von Hewitt und anderen streiten. Gewöhnlich werden Macht und Einfluss eines Landes nicht in erster Linie mit der Einwohnerzahl und schon gar nicht mit dem Durchschnittsalter der Bevölkerung in Verbindung gebracht. Entscheidender sind Wirtschaftskraft und Militär. Die durchschnittliche Lebenserwartung ist für das Lebensgefühl und auch für politische Prioritäten von Staaten nicht gleichgültig, das zeigt das Beispiel Vietnam. Aber was heißt das für die ökonomische und politische Kraft eines Landes? Wenn weltweit alle Menschen im gleichen Alter gleichermaßen gebrechlich, kauzig und schwerhörig würden, dann wären die alternden Industrieländer ab 2015 gegenüber dem jüngeren Rest der Welt ganz sicher im Nachteil. Aber wenn beispielsweise ein sechzigjähriger Franzose im Jahr 2015 dank besserer Ernährung und Gesundheitsversorgung mindestens so belastbar ist wie ein vierzigjähriger Afghane, wenn ein dänischer Durchschnittsarbeiter mit siebzig doppelt so produktiv ist wie ein jüngerer Pakistani – stimmt dann Hewitts dramatisches Szenario noch?

»Sinkende Geburtenraten in Verbindung mit einer steigenden Nachfrage nach jungen Arbeitskräften bedeuten zwangsläufig kleinere Armeen«, schreibt Peter G. Peterson, der langjährige Vorsitzende des Council on Foreign Relations, der einen Großteil der außenpolitische Elite der Vereinigten Staaten vereint. Zwar könne die Wirtschaft eines Landes trotz rückläufiger Bevölkerung weiter wachsen, wenn die Produktivität der Bevölkerung sehr hoch sei. »Aber alle Fixkosten werden zu einer Herausforderung – weil diese gleich bleibenden Kosten auf weniger Köpfe verteilt werden müssen. Und die nationale Verteidigung ist das klassische Beispiel dafür«, fährt Peterson fort. Keine der internationalen Bedrohungen werde kleiner, bloß weil die alternden Industrieländer weniger Arbeitskräfte oder ein rückläufiges Wirtschaftswachstum zu verkraften hätten. Schrumpfen werde nur die Zahl der möglichen Soldaten.

»Wie viele Eltern werden ihrem einzigen Kind erlauben, in den Krieg zu ziehen?«, fragt er pathetisch.

Auch das CSIS warnte schon im Jahr 2000 in einer Studie vor steigenden Verteidigungsausgaben. Erstens werde in einer alternden Gesellschaft die Konkurrenz mit der Privatwirtschaft um junge Arbeitskräfte härter. Die Stärke einer modernen Armee hängt zwar nicht in erster Linie von der Zahl ihrer Soldaten ab, sondern von der eingesetzten Technologie. Aber in schrumpfenden und alternden Gesellschaften sei es zweitens auch schwerer, neue und teure Panzer, Schiffe oder Raketen zu finanzieren, argumentiert das CSIS.

»Woher werden die Regierungen der Zukunft das Geld für Hightech-Waffen bekommen, wenn eine gealterte Wählerschaft stattdessen lieber Geld für Hightech-Medizin will?«, fragt deshalb auch Peterson. John L. Helgerson, der frühere Chef der amerikanischen Geheimdienst-Dachorganisation »National Intelligence Council«, brachte die Verteilungskonflikte der Zukunft auf die knappe Formel »guns or wheelchairs«, Kanonen oder Rollstühle: Weil die Ausgaben für das Gesundheitswesen in alternden Ländern stiegen, bleibe zwangläufig weniger übrig für die Armeen.

In Deutschland wird eher darüber debattiert, ob hohe Pensions- und Rentenzahlungen in den schwierigen Jahren ab 2015 zu Lasten von Bildung und Forschung gehen. Kritiker rechnen häufig Zukunftsinvestitionen und Rentenzahlungen gegeneinander auf. Aber natürlich können höhere Ausgaben für das Alter auch die Verteidigungsetats kleiner werden lassen. Insofern sind die Warnungen von Hewitt oder Peterson nicht völlig abwegig. Sie lassen aber etwas Wesentliches außer Acht: Die Staatsausgaben der Zukunft hängen nicht allein von den Kosten für Renten und die Gesundheitsversorgung ab. Entscheidend sind Wachstum, Produktivität und Innovationskraft der künftigen Gesellschaften.

Dafür wiederum ist die demographische Entwicklung nicht gleichgültig. Aber wichtiger als die Frage, *ob* die europäischen Industrieländer altern, ist die Frage, *wie* sie altern: Mit oder ohne qualifizierte ältere Arbeitnehmer, mit oder ohne sanierte Sozialsysteme, mit oder ohne eine Bildungspolitik, die alle vorhandenen Ressourcen nutzt, mit oder ohne Zuwanderung. Diese Entscheidungen stehen noch aus. Es ist schlimm genug, wenn amerikanische Think Tanks unterstellen, dass ein Niedergang unvermeidbar ist. Die Europäer sollten sich klarmachen, dass es an ihnen selbst liegt, ob es so weit kommt. Dann können die amerikanischen Horrorszenarien vielleicht sogar Positives bewirken: Vielleicht stellen sich die Deutschen dann eher auf den demographischen Wandel ein – auch die Außenpolitiker, wie in den USA.

Das Schweigen der Deutschen

Im Frühjahr 2001 legte der Planungsstab des Auswärtigen Amtes ein neunseitiges Papier zu den »Demografischen Herausforderungen des 21. Jahrhunderts« vor. Es handelte sich um eine unspektakuläre Zusammenfassung der bekannten ökonomischen Probleme, nicht um ein Konzept mit Handlungsvorschlägen. Seitdem haben sich die Diplomaten aus der Debatte über *global aging* weitgehend herausgehalten, genauso wie ihr Minister. Auch die Außenpolitiker der Bundestagsfraktionen interessieren sich kaum dafür.

Das Schweigen gehört zu den Spätfolgen des Nationalsozialismus. Alles, was entfernt an Großmachtstreben und völkisches Vokabular erinnern könnte, wird mit aller Kraft gemieden. Hierzulande ist es schon ungewöhnlich, wenn ein Journalist wie Nikolaus Busse von der *Frankfurter Allgemeinen Zeitung* nüchtern vermerkt: »Reproduktionsmüde Völker wie die Deutschen müssen damit rechnen, dass sie in den nächsten Jahrzehnten mit einem sinkenden Einfluss auf das Weltgeschehen zurechtkommen müssen.« Als der bayerische Ministerpräsident Edmund Stoiber im Frühjahr 2000 in einem Interview mit der *Welt* eine »nationale Bevölkerungspolitik« forderte, jaulten die Kommentatoren auf. Die Deutschen haben Nazi-Parolen vom »Volk ohne Raum« noch zu gut in Erinnerung, als dass sie über einen »Raum ohne Volk« sachlich diskutieren könnten.

In den Nachbarländern verläuft die Debatte anders. Die Franzosen beispielsweise haben ihre Haltung zum Kinderreichtum lange Zeit nicht verändert. Frankreich gewann seinen Ruf als »Grande Nation« und mächtigster Staat auf dem Kontinent in den vergangenen Jahrhunderten vor allem deshalb, weil es das einwohnerstärkste Land Europas war. Damals entschied die Zahl der Soldaten über die Stärke von Armeen. Napoleon hatte besonders viele von ihnen, das war die Basis seiner Macht. Später jedoch sanken die Geburtenraten, und Anfang des zwanzigsten Jahrhundert bekamen Französinnen im Durchschnitt weniger Kinder als die Frauen in den Nachbarländern. Das wurde als einer der Gründe für den allmählichen Bedeutungsverlust der Kolonialmacht gesehen.

»Zu wenig Kinder, zu wenig Waffen, zu wenig Verbündete: Wir sind besiegt« – mit diesen Worten verkündete Marschall Pétain im Juni 1940 die Kapitulation der Franzosen vor den Deutschen. 1945, nach dem Kriegsende, wurde die Steigerung der Geburtenrate zur nationalen Aufgabe erklärt. »Frankreich braucht zwölf Millionen Babys!«, verkündete Charles de Gaulle. In den Folgejahren entstand eine umfangreiche Infrastruktur zur Kinderbetreuung, und bis 1960 wurde de Gaulles Ziel tatsächlich erreicht. Heute sind mehr als siebzig Prozent aller Frauen mit zwei Kindern berufstätig. Jede Französin hat durchschnittlich 1,9 Kinder, mehr als in jedem anderen Land der Europäischen Union. Wer in Frankreich ausspricht, dass der internationale Einfluss eines Landes auch von der Zahl seiner Einwohner abhängt, formuliert eine Platitüde, keine Provokation.

Für einige Bereiche der internationalen Politik ist dieses Prinzip sogar vertraglich fixiert. Kriege werden inzwischen anders entschieden, aber in der Welt der europäischen Gremien haben Bevölkerungszahlen von Nationen nach wie vor Gewicht. Zum Beispiel im Europäischen Parlament: 99 Mitglieder kommen aus Deutschland, mehr als aus jedem anderen europäischen Land, weil es 82 Millionen Einwohner und damit eine größere Bevölkerung als alle anderen EU-Mitgliedstaaten hat. Die sechs Millionen Dänen entsenden nur 15 Abgeordnete, die 3,8 Millionen Iren sogar nur drei. In den kommenden Jahren dürften sich die Proportionen immer wieder verschieben. Das katholische Irland beispielsweise hat eine der höchsten Geburtenraten Europas, im Durchschnitt bringt jede Irin 1,8 Kinder zur Welt. Bis zum Jahr 2050 erwarten Experten einen Anstieg der Bevölkerung auf 5,4 Millionen Menschen. Die Iren werden mehr Parlamentssitze bekommen, die Deutschen weniger.

Überall dort, wo es nach Kopfzahlen geht, wird der Einfluss der Deutschen abnehmen. Während hierzulande die Zahl der Geburten seit Jahren sinkt, prognostizieren die Vereinten Nationen für das Jahr 2050 einen Anstieg der Weltbevölkerung um gut drei Milliarden auf etwa 9,3 Milliarden

Menschen. Von dem Zuwachs entfallen mehr als zwei Milliarden auf Entwicklungs- und Schwellenländer. Allein in Nepal kommen alljährlich genauso viele Kinder wie in Deutschland zur Welt, obwohl hierzulande viermal mehr Menschen leben.

Schadet es den Deutschen, die internationale Seite der Demographie weitgehend auszublenden? Sie werden sich aus zwei Gründen künftig stärker damit beschäftigen müssen: Erstens haben sie ein humanitäres und sicherheitspolitisches Interesse daran, die Bevölkerungsexplosion in den ärmsten Ländern zu beschränken. Zweitens können schrumpfende Staaten versuchen, Zuwächse im Rest der Welt zu nutzen: durch internationale Finanzanlagen und durch Zuwanderung.

Die Nöte kinderreicher Staaten

Niemand bekommt so viele Kinder wie die Ärmsten der Armen. Die Vereinten Nationen erwarten die stärksten Bevölkerungszuwächse bei den Staaten mit den niedrigsten Einkommen. Für Kongo, Burkina Faso, Angola, Uganda und Somalia wird bis 2050 ein Anstieg der Bevölkerung um 300 Prozent vorhergesagt, der Jemen wächst noch schneller, um 450 Prozent. Wo so viele Kinder zur Welt kommen, frisst das Bevölkerungswachstum jeden Produktivitätsgewinn schnell wieder auf. Alle Erfolgsgeschichten ehemals armer Staaten, etwa der Aufstieg von Thailand oder Malaysia, gingen mit einem starken Rückgang der Geburtenzahlen einher. Wenn weniger Kinder geboren werden, können die Eltern in die Bildung ihres Nachwuchses investieren, die Frauen können besser Geld verdienen. Das jüngste Beispiel ist Bangladesch, wo die Geburtenrate in den vergangenen zwanzig Jahren von 6 Kindern pro Frau auf 3,5 Kinder sank und gleichzeitig das Bruttosozialprodukt deutlich stieg. »Demographie-Dividende« nennen Bevölkerungs-Experten dieses Phänomen.

Darüber hinaus können die alternden und schrumpfenden Gesellschaften vor allem zwei weitere Maßnahmen ergreifen, um von Zuwächsen im Rest der Welt zu profitieren: Sie können Kapital exportieren und Arbeitskräfte holen. Beides geschieht bereits, beides wird aber weder heute noch in Zukunft ausreichen, um die Probleme des demographischen Wandels zu bewältigen. Nach Berechnungen der Vereinten Nationen müssten 350 000 Menschen pro Jahr einwandern, um die Bevölkerungszahl in Deutschland bis 2030 stabil zu halten, weitere 200 000, damit die gleiche Zahl von Arbeitskräften zur Verfügung stünde – und dennoch würde das Durchschnittsalter höher als heute sein. Zuwanderung kann die Probleme der Demographie also allenfalls verringern.

Gegenüber beiden Strategien, Kapitalexport und Zuwanderung, macht sich zudem Ernüchterung breit. Zahlreiche Anleger haben in den vergangenen Jahren zu viel Geld an der Börse verloren, als dass sie große Hoffnungen in die Aktienmärkte von Lateinamerika oder Asien setzen würden. Wer heute vorschlagen würde, die Altersversorgung stärker auf international investierende Pensionsfonds zu übertragen, dürfte wenig Beifall finden. Im Jahr 2001, während der Hochphase des Börsenbooms, war die Stimmung noch anders. Die Riester'sche Rentenreform und mit ihr die Ausweitung der privaten, kapitalgedeckten Altersvorsorge passierte damals den Deutschen Bundestag. Heute wäre die gleiche Reform vermutlich viel schwerer durchsetzbar. Ihre ersten

Erfahrungen mit der Börse haben viele Kleinanleger nachhaltig verstört, ohne dass deswegen das Vertrauen in das herkömmliche Rentensystem steigen würde.

Gleichzeitig sind die sozialen Kosten der Zuwanderung und die Probleme der Integration von Ausländern den Menschen zunehmend bewusst. In gewisser Weise haben die Deutschen in den vergangenen dreißig Jahren die denkbar schwierigste Form der Zuwanderung erlebt: Offiziell gab es sie nicht, also musste auch wenig für die Integration getan werden. Und so sprechen Zuwanderer der zweiten und dritten Generation oft schlechter Deutsch als ihre Eltern. So haben sich in den deutschen Großstädten fremdsprachige Parallelwelten etabliert.

In Zeiten hoher Arbeitslosigkeit ist die Angst vor Billigkonkurrenz aus anderen Ländern noch größer als sonst. Im Sommer 2002 fragte das Meinungsforschungsinstitut Emnid: »Braucht Deutschland mehr Zuwanderung als bisher, um einen künftigen Mangel an Arbeitskräften zu verhindern?« 76 Prozent der Befragten antworteten mit »Nein«.

Sowohl die Arbeits- als auch die Kapitalmärkte werden künftig internationaler werden. Aber beide Globalisierungsprozesse lösen Ängste aus. Und selbst wenn das anders wäre, könnten Bevölkerungsexplosion im armen und Bevölkerungsschrumpfung im reichen Teil der Welt einander nicht annähernd ausbalancieren. Die Probleme sind gegenläufig, und sie werden auch in Zukunft weiter nebeneinander bestehen – so wie sich die Hitze der Sahara und die Kälte der Antarktis nicht ausgleichen lassen. Dass es in Pakistan oder im Jemen zu viele Geburten gibt, ändert nichts daran, dass in Deutschland Kinder fehlen. »Sie können das nicht einfach gegeneinander aufrechnen«, sagt Herwig Birg, Professor für Demographie und Direktor des Instituts für Bevölkerungsforschung und Sozialpolitik der Universtät Bielefeld. »Das ist ungefähr so, als würden Sie ein Bein in heißes Wasser tauchen und das andere in einen Behälter mit Eiswürfeln. Davon bekommen Sie keine angenehme Körpertemperatur. Sie werden krank.«

Zuwanderer und Einwanderer

Die Deutschen haben ihre Haltung zur Einwanderung bisher nicht geklärt. In kaum ein Land der Welt sind in den vergangenen zwanzig Jahren so viele Menschen gekommen wie nach Deutschland, gemessen in Prozent der Einwohner liegen die Deutschen vor den Vereinigten Staaten und vor Kanada. Zuletzt sind in jedem Jahr 700 000 Menschen zugezogen, alljährlich wurde also eine Stadt von der Größe Dortmunds integriert. Dennoch sollte Deutschland nie »Einwanderungsland« sein, offiziell war immer nur von »Zuwanderung« die Rede. Diese schizophrene Grundhaltung ist mit dem Zuwanderungskompromiss des Sommers 2003 noch nicht überwunden.

Das neue Gesetz öffnet das Land stärker für ausländische Spitzenkräfte. Dagegen ist nichts einzuwenden, aber viel bewirken wird diese Neuerung nicht. In den meisten Industrieländern schrumpft und altert die Bevölkerung – in Europa vor allem in Italien, Griechenland, Spanien, Portugal und allen neuen EU-Beitrittsländern im Osten. Nach Schätzungen der Vereinten Nationen geht die Bevölkerung bis 2050 in Bulgarien um 43 Prozent zurück, in Polen um 14 Prozent, in Rumänien um zwanzig Prozent und in Ungarn um 25 Prozent. Aber auch asiatische Staaten trifft der demographische Wandel, Korea beispielsweise hat die niedrigste Geburtenrate der Welt. Deshalb wird in den kommenden Jahren der internationale Wettbewerb um junge, ausreisewillige Qualifizierte sehr ausgeprägt sein. Mit ein wenig Verzicht auf Bürokratie wird Deutschland dabei nicht viel gewinnen.

Wichtig wäre es deshalb, jetzt schon das Land stärker für Facharbeiter mittlerer Qualifikation zu öffnen, in der Hoffnung, dass die Hungrigen und Fleißigen kommen, um sich in einer großen Volkswirtschaft nach oben zu arbeiten. Die nötigen Gesetze müssen langfristig ausgerichtet und berechenbar sein. Es ist nicht einfach, kurzfristig Fachkräfte aus dem Ausland anzulocken, wenn gerade einmal in bestimmten Branchen Engpässe auftreten. Arbeitsmigranten sollten daher auch in wirtschaftlich schwierigen Zeiten Einreise- und Entwicklungschancen eingeräumt werden und nicht nur, wenn die Konjunktur ausnahmsweise gut läuft.

In den kommenden Jahren wird es vor allem darum gehen, ob und wie Zuwanderung aus den osteuropäischen Ländern forciert werden soll. Bisher gibt es wenig Anzeichen für eine Massenbewegung in den Westen, vor der zuvor häufig gewarnt worden war. Ab dem Jahr 2010 gilt überall innerhalb der Europäischen Union das Prinzip der Freizügigkeit. Sechs Jahre nach der EU-Osterweiterung kann jeder Pole oder Tscheche in Deutschland wohnen und arbeiten. Ungeklärt ist, ob und wie Deutschland diese Menschen dazu ermutigen will. Junge, qualifizierte Osteuropäer sprechen häufig gut Deutsch, das kostenlose Studium an Universitäten könnte auch diejenigen anziehen, die sich sonst eher auf den Weg in die Vereinigten Staaten machen würden. Vermutlich wäre es nicht schwer, noch gezielter um diese Gruppe junger, mobiler Ausländer zu werben. Der Staat könnte zudem Anreize schaffen, damit möglichst viele gute Leute nach der Ausbildung in Deutschland bleiben.

Aber sollen die deutschen Hochschulen, Unternehmen und Politiker tatsächlich versuchen, die besten Kräfte aus den Nachbarstaaten wegzulocken? Ralf Ulrich, Professor für Bevölkerungswissenschaften an der Universität Bielefeld, rechnet vor, dass jährlich bis zu 180 000 EU-Neubürger nach Deutschland ziehen könnten. Doch dieser »Brain Drain« würde sich wiederum in ökonomischen Problemen der Beitrittsländer niederschlagen, warnt er. Die Rechnung müssten die westlichen EU-Länder dann über erhöhte Hilfen für strukturschwache Regionen zahlen.

Vermutlich sind diese Warnungen übertrieben. Mit dem Versuch, attraktiv für qualifizierte Osteuropäer zu sein, kann Deutschland nicht viel Schaden anrichten. Wer sein Heimatland auf der Suche nach besseren Chancen verlassen will, der wird ohnehin gehen – wenn nicht nach Deutschland, dann eben nach Frankreich oder gleich in die USA. Einige, die heute schwarz arbeiten, werden ihre Jobs ab 2010 in legale Stellen mit besserer sozialer Absicherung umwandeln können.

Im Jahr 2020 wird Deutschland vielsprachiger und internationaler sein – weil es in einer alternden Gesellschaft kaum ohne zusätzliche Arbeitskräfte aus anderen Ländern geht. Die Ausweitung von Zuwanderung wird jedoch ein Kraftakt sein: Erstens wegen der Widerstände, zweitens wegen der Investitionen, die für eine bessere Integration nötig sind – von Sprachkursen für Neuankömmlinge bis zu Programmen, die Gettobildung in den Großstädten verhindern helfen. Drittens kann Zuzug von Ausländern zwar Vielfalt und kulturellen Reichtum bedeuten, aber auch eine Abnahme des Gefühls von Zusammengehörigkeit und Solidarität. Die meisten Menschen stehen selbstverständlicher für andere ein, wenn sie ihnen ähnlich sind und wenn ihre Wertvorstellungen den eigenen entsprechen. Gerade alternde Gesellschaften werden jedoch ohnehin Fliehkräfte entwickeln, Erbschaften und schwächelnde Sozialsysteme werden die Einkommensunterschiede vergrößern, der Streit um staatliche Leistungen wird härter werden. Sozialer Kitt wird dann dringend gebraucht.

Weltweit investieren

Der Nordpol ist unten, die Antarktis oben. José Pinera hat die Welt auf den Kopf gestellt. Gleich am Eingang des Zimmers des früheren Arbeitsministers von Chile hängt die Karte von Nord- und Südamerika verkehrt herum an der Wand. »Das erinnert daran, dass man fast alle Dinge auch ganz anders sehen und denken kann«, erklärt Pinera. In Chile hat er das Undenkbare getan: 1981 schaffte er das alte chilenische Rentenmodell ab, ein Umlagesystem wie in Deutschland. Möglich war das, weil das Militärregime des Diktators Augusto Pinochet auf Widerstände keinerlei Rücksicht nahm. Pinera, damals gerade dreißig Jahre alt und Harvard-Absolvent, entwarf auf dem Reißbrett ein neues Rentensystem und führte es wenig später ein. Heute ist Pinera einer der Leiter des Cato Institute, eines konservativen amerikanischen Think Tanks. Er berät Regierungen in aller Welt. Nicht nur die demokratischen Folgeregierungen Chiles haben sein System übernommen, sondern auch sechs andere lateinamerikanische Länder, Hongkong und die Slowakei.

In diesen Staaten zahlen die Versicherten ihre Beiträge nicht wie in Deutschland für die Vorgänger-Generation, sondern sparen für sich selbst. Jeder muss einen fixierten

Anteil seines Monatslohns an einen Pensionsfonds abführen. Die entstehenden Vermögen werden im In- und Ausland investiert. Die Altersversorgung der Bürger hängt also von der Entwicklung an den Weltmärkten und weniger vom Altersaufbau der einheimischen Bevölkerung ab.

Die europäischen Industrieländer werden das Modell Chile zwar nicht übernehmen – dafür sind ihre gewachsenen Rentensysteme viel zu umfangreich. Aber sie werden es teilweise kopieren. Einen ersten Schritt hat die Bundesregierung mit der Riester-Reform gemacht, die so genannte kapitalgedeckte Privatrente wurde als Ergänzung zum gesetzlichen System eingeführt. Weitere werden folgen, wenn in den kommenden Jahren deutlicher wird, dass die bestehende Umlage-Rente in vielen Fällen nicht als Alterssicherung reicht. Gleichzeitig werden mehr Menschen ihre private Altersversorgung ausweiten. Einiges davon wird in Aktienfonds fließen, und das wiederum in Wachstumsregionen in allen Teilen der Welt.

Im Prinzip kann diese Form der Altersversorgung helfen, einige demographische Probleme zu verringern. Zwar wirkt sich die Altersstruktur eines Landes auch auf die Kapitalmärkte aus: Wenn besonders viele Arbeitnehmer in den Ruhestand gehen und entweder sie selbst oder ihre Fonds gleichzeitig Wertpapiere verkaufen wollen, sinken die Preise. Die Ökonomen nennen das »Asset Meltdown«. In einer geschlossenen Volkswirtschaft wirkt es sich deshalb auf alle Formen der Vorsorge aus, wenn viele Rentner werden. Aber heutzutage gibt es kaum noch geschlossene Volkswirtschaften, Geld kann in allen Kontinenten investiert werden. Und nicht alle wohlhabenden Länder der Welt altern gleichzeitig, und nicht alle altern gleich schnell.

Dennoch warnen Kritiker vor den Risiken der kapitalgedeckten Alterssicherung und verweisen auf vergangene Wirtschaftskrisen in Asien und Lateinamerika, auf schwer berechenbare Finanzmärkte und auf Währungsschwankungen. Das ist nicht völlig falsch. Auch die chilenischen Pensionsfonds haben ihre anfänglichen stets zweistelligen Renditen in einigen schwierigen Jahren nicht erzielt. Aber es gibt keine Altersversorgung ohne Risiken. Umlagesysteme sind anfällig für demographische Verschiebungen, kapitalgedeckte Systeme für ökonomische Krisen. Empfehlenswert ist deshalb, Risiken zu streuen und beide Instrumente stärker als bisher zu kombinieren. Noch sorgt in Deutschland die Gesetzliche Rentenversicherung für etwa 85 Prozent der Einkünfte im Alter.

Der Luxus Unwissenheit

Eine explodierende Weltbevölkerung, mittendrin ein eigenes Land, das vermutlich an Bedeutung verliert, schwer berechenbare internationale Finanzmärkte – all das ist für den Einzelnen, der sich auf die demographischen Veränderungen einstellen will, nur schwer zu überschauen. Den Alten von morgen bleibt allerdings wenig anderes übrig, als es zu versuchen.

Das größte Risiko für den Lebensstandard der Alten von morgen liegt bei den Anlegern selbst. Nicht, weil sie länger leben, sondern weil sie das Management ihrer Finanzen nicht bewältigen. »Wir alle sind finanzielle Analphabeten. Wir scheitern schon beim täglichen Umgang mit dem Geld«, schreiben die Journalisten Marc Brost und Marcus Rohwetter in ihrem Buch »Das große Unvermögen« und folgern daraus: »Schon in ein paar Jahren könnte der Begriff der Altersarmut in Deutschland eine ganz neue Dimension erreichen.«

Die Alten von morgen müssen mehr über die Altersvorsorge wissen als die Generation ihrer Eltern. Aber viele Menschen überfordert das. Sie rechnen noch immer in Mark statt in Euro. Sie wissen nicht, was die Riester-Rente ist. Sie zahlen viel zu viel für private Versicherungen. Oder sie denken überhaupt nicht über Altersversorgung nach. Die meisten Deutschen erwarten zu viel Leistungen aus der gesetzlichen Rentenversicherung, ergab eine Untersuchung der Bertelsmann-Stiftung. Zwei von drei Befragten erwarteten zu viel Geld, jeder Vierte überschätzte die Leistungen sogar um fünfzig Prozent. Und nur jeder Achte hat sich überhaupt schon einmal Gedanken gemacht, wie viel Geld er im Ruhestand braucht.

In den Vereinigten Staaten wird seit langem über *financial illiteracy* und über *financial abuse* gesprochen, über finanziellen Analphabetismus und finanziellen Missbrauch. Dabei geht es nicht nur um Menschen, die zu bequem oder zu unwissend sind, um Anlagetricks zu entdecken. Finanzielle Analphabeten sind auch diejenigen, die sich hoch verschulden, weil sie fragwürdige Kreditverträge nicht durchschauen oder die schon an der Lektüre eines Versicherungsvertrages scheitern. Sie brauchen Hilfe. Aber noch wichtiger ist es, schon in den Schulen und Familien über den Umgang mit Geld aufzuklären.

Von finanziellem Missbrauch spricht man beispielsweise bei Rentnern, denen ihr mühsam angespartes Vermögen entwendet wird. Manchmal bereichern sich Angehörige, mitunter falsche Freunde, Pflegepersonal oder auch junge Frauen oder Männer, die durch eine Heirat zu Geld kommen wollen. Je mehr die Menschen auch hierzulande auf private Altersvorsorge setzen müssen, desto häufiger dürfte es vergleichbare Fälle auch in Deutschland geben. In Amerika versuchen lokale Agenturen für alte Menschen, Area Agencies on Aging, hilfebedürftige Alte bei solchen Problemen zu unterstützen. Hilfe bei finanziellem Missbrauch ist eines ihrer wichtigsten Anliegen.

Neben denen, die schlicht betrogen werden, gibt es aber die große Zahl von Gleichgültigen, die Bausparen spießig finden oder Geldanlage für ein Hobby von Vermögenden halten. Es wird auch von ihrer Haltung zur Vorsorge abhängen, wie schwierig das Leben im gealterten Land tatsächlich wird. Den Babyboomern bleibt dabei immerhin ein Trost: Sie haben für den Aufbau ihrer Altersversorgung noch zwanzig bis dreißig Jahre Zeit.

7. Wohnen

In Amerika heißt es, Babyboomer seien Leute, die erst ihren Eltern auf die Nerven gingen und die demnächst eine Plage für ihre Kinder sind. Demnächst – das ist der Zeitraum, in dem die unmittelbar nach dem Krieg geborene Generation von Bill Clinton und seiner Frau Hillary, von Stephen Spielberg und von Meryl Streep allmählich in Rente geht. Nach den offiziellen Statistiken der amerikanischen Regierung wird es bis zum Jahr 2035 ungefähr 70 Millionen Menschen in den USA geben, die älter als 65 sind. Das sind etwa dreißig Prozent mehr als heute, ein wenig mehr als die Einwohnerzahl der alten Bundesrepublik.

Man könnte leicht auf die Idee kommen, dass die Vereinigten Staaten kein guter Ort zum Altwerden sind. Es ist das Land von Jugendkultur und Jugendwahn; aus Amerika kommen Anti-Aging-Kuren, der Faltenkiller Botox und die Schönheitschirurgie. Doch die jüngeren Alten aus der Generation von Bill und Hillary haben ihren deutschen Altersgenossen zweierlei voraus. Erstens: Masse. Die Babyboomer sind die mit großem Abstand stärkste Generation der amerikanischen Geschichte. Weil es so viele Babyboomer gibt, haben sich die Demographen einen hübschen Begriff für ihre Jahrgänge ausgedacht: Sie sprechen vom *pig in a python*, dem Schwein in der Python. Würde man nämlich versuchen, die Bevölkerungsentwicklung in Amerika mit einer Kurve darzustellen, müsste man bei den Nachkriegsjahrgängen einen dicken Buckel einzeichnen, der sich allmählich verschiebt. Wie bei einer Python, die eine üppige Mahlzeit hinter sich hat.

Diese Masse, verbunden mit dem relativ großen Wohlstand dieser Generation, hat sich längst stärker als in Deutschland auf die Welt der Werbung, der Medien und des Konsums ausgewirkt. Die Produktmanager, die Modelagenturen, die Zeitungsmacher und die Drehbuchschreiber haben die finanzkräftige Zielgruppe schon etwas länger als attraktive Zielgruppe im Blick. So ist zwar einerseits der Jugendkult nach wie vor sehr ausgeprägt, aber gleichzeitig findet längst die Gegenbewegung statt: Auf den großen Litfasssäulen in New York plakatierte die Textilkette *Gap* Models mit grauen Haaren und Falten, bevor vergleichbares in deutschen Anzeigen zu sehen war. Auflagenstarke Nachrichtenmagazine wie *US News & World Report* veröffentlichen Titelgeschichten über die Tücken der Menopause. Und im Blockbuster »Was das Herz begehrt«, einem der großen Kinoerfolge des Jahres 2004, lässt ein von Jack Nicholson gespielter alternder Playboy seine attraktiven jungen Gespielinnen am Ende zugunsten einer etwa gleichaltrigen, von Diane Keaton gespielten Drehbuchautorin hinter sich. Die Babyboomer erobern sich ihr Terrain zurück.

Der zweite große Vorteil der amerikanischen Jahrgänge zwischen Mitte fünfzig und Mitte sechzig ist das Etikett »Babyboomer«. An diesen Begriff sind die geburtenstarken Jahrgänge gewöhnt. Er wurde schon verwendet, als die betroffene Altersgruppe Plateausohlen erprobte und in Woodstock feierte. Die gemeinsame Identität wurde durch die gesellschaftlichen Aufbrüche der Siebziger geprägt – selbst bei denen, die dagegen waren. Man schämt sich nicht dafür, »Babyboomer« zu sein. Das macht es leichter, gemeinsame Interessen zu artikulieren.

In Deutschland ist die Lage komplizierter. Der Geburtenboom begann erst Mitte der fünfziger Jahre. Die »68er« sind also nicht die geburtenstarken Jahrgänge, zudem steht das Etikett nicht nur für eine Altersgruppe, sondern auch für ein politisches Profil. Also hantieren die Werber unbeholfen mit Begriffen wie »Best Agers«, »Master Consumers«, »Whoopies« (Well Off Old People) oder »Kukidents«, um die finanzkräftige Altersgruppe ab Mitte fünfzig anzusprechen. Begriffe wie »Alte« oder »Senioren« werden zu Recht für abschreckend gehalten. Aber Ersatz gibt es noch nicht. Wer nennt sich schon gerne »Kukident«? Es fehlt eine gemeinsame Identität. Auch daran liegt es, dass in Deutschland die Alten immer nur die anderen sind.

Hauptstadt der Herzschrittmacher

In der Kirchengemeinde von Jeff Grossman braucht niemand sein Alter zu betonen. Nach Sun City, Arizona, darf nur ziehen, wer mindestens fünfundfünfzig ist. »Die jungen Leute hier sind sechzig und die alten achtzig«, sagt Grossman und lehnt sich in seinem Sessel zurück. Die Klimaanlage surrt, es ist heiß draußen. Das ist fast immer so. In Sun City sind die Winter lau und die Sommer kaum erträglich. Die meisten der 60 000 Einwohner sind wegen des Klimas hier. Viele kehren in den Sommermonaten in den Norden des Landes zurück. Bevor die Rentnersiedlung in den sechziger Jahren vom Bauunternehmer Dell Webb gegründet wurde, gab es nur Wüste hier. Vor einigen weißen Bungalows wachsen große Saguarakakteen, die meisten haben nur Steingärten vor der Tür.

Jeff Grossman ist seit fünf Jahren Pfarrer in einer Methodistengemeinde von Sun City. Etwas mehr als hundert Beerdigungen hat er im vergangenen Jahr übernommen, aber auch einige Dutzend Hochzeiten. Sun City ist keine Stadt, in die man zum Sterben kommt, im Gegenteil. »Gerade Singles ziehen häufig hierher, und natürlich entstehen Freundschaften und auch neue Ehen«, erzählt Grossman. Es gibt sogar organisierte Dinnerpartys für die Partnerschau, so genannte »dynamite dinners«. Oft seien es allerdings die Frauen, die nicht sofort wieder heiraten wollen, so der Pfarrer: »Sie schätzen Gesellschaft, wollen aber nicht die Verantwortung für einen Pflegefall übernehmen.«

Grossmans Kirche, ein Flachbau mit schattigem Innenhof, liegt im älteren Teil von Sun City. Weil in den siebziger und achtziger Jahren viele Mittfünfziger hierher zogen, ist das Durchschnittsalter mit 83 Jahren mittlerweile bedenklich hoch. Nur ein Teil der Bewohner verlässt oft das Haus, andere lassen sich die Mahlzeiten von *meals on wheels* in die Wohnung bringen. Im restlichen, später gebauten Teil der Stadt und an den öffentlichen Plätzen herrscht hingegen die Atmosphäre eines großen Freizeitparks, bloß ohne Kindergeschrei. Für Abwechslung sorgen zehn Golfplätze, drei Freizeitzentren mit Bibliothek, Schwimmbad, Fitnessstudio und Bowling-Bahnen. Die Angebote sind nicht extravagant, wer hier wohnt, gehört zur Mittelschicht. Das Casino in der Nachbarstadt hat selten Besuch aus Sun City, vereinzelte Interessenten kommen meist im kostenloser Shuttle-Bus. Am auffälligsten ist eine Cheerleader-Gruppe, die regelmäßig mit kurzen Röcken und Federbüscheln trainiert. Im Besucherzentrum verweist eine große Tafel auf Tanzkurse und Theatergruppen, direkt neben einer Gedenktafel für Kriegsveteranen.

In den vergangenen Jahren ist Sun City sehr bekannt geworden. Man hat die Stadt Heimat der Generation Golfplatz genannt oder auch Hauptstadt der Herzschrittmacher, immer wieder galt sie als Beispiel dafür, wie es sich in einer gealterten Gesellschaft lebt. Tatsächlich ist kaum vorstellbar, dass in Zukunft eine Mehrheit ausschließlich unter Gleichaltrigen leben will. In Deutschland ergeben Umfragen, dass die meisten Menschen sich eine Nachbarschaft mit alten und jungen Menschen wünschen und deshalb nicht viel von Rentnersiedlungen halten. Für eine Minderheit ist die Rentnerstadt dennoch attraktiv: Hierher ziehen Menschen, die wenig Familie oder Freunde haben und die neben sommerlichen Temperaturen vor allem Gesellschaft suchen. Die finden sie, außerdem niedrige Kriminalitätsraten, niedrige Löhne für oft illegal arbeitende Pflegekräfte und niedrige Steuersätze. Gleichwohl wenden sich auch viele enttäuscht wieder ab. »Viele Pensionäre kommen her und stellen sich vor, sie würden jetzt tagelang nur Golf spielen«, erzählt Grossman. »Dann stellen sie fest, wie öde das auf Dauer ist.«

Sun City taugt auch deshalb nicht als Vorbild, weil es in Zukunft weniger junge Alte geben wird, die nicht weiter berufstätig sind – dafür gibt es in der amerikanischen Siedlung neben Aushilfsjobs nur wenig Möglichkeiten. Die Rentnerstadt am Rand von Phoenix ist nicht denkbar ohne den klassischen Ruhestand, der wiederum gehört zur vergehenden Industriegesellschaft. Das Rentnerdasein der Zukunft sieht vermutlich anders aus. Es wird allerdings häufiger vorkommen, dass sich auch hierzulande Mittsechziger bewusst neue Wohnorte für die letzten Lebensjahre suchen. Die Rentner von heute ziehen, wenn sie es sich leisten können, für ein paar Monate im Jahr nach Mallorca oder Teneriffa. Die Rentner von morgen werden vielleicht auch innerhalb von Deutschland mobiler sein. Noch ist es für Amerikaner viel selbstverständlicher, im Leben mehrfach umzuziehen. Da fällt auch ein Neuanfang als Sechzigjähriger in Florida oder Arizona weniger schwer.

Auch hierzulande wirkt sich das veränderte Lebensgefühl Älterer zunehmend auf dem Wohnungsmarkt aus. Immer mehr Menschen, die entweder schon im Ruhestand sind oder ihn unmittelbar vor sich haben, suchen nach neuen Formen des Zusammenlebens. Enkelkinder zu haben und mit Freunden zusammenzuziehen, ist kein Widerspruch. Schon die Rentnergeneration von heute wendet sich ab vom Altersheim, erst recht wenn es im Grünen liegt. Wenn schon Seniorenresidenz, dann mitten im Getümmel – in Berlin zum Beispiel am Kudamm, in der Nähe des Brandenburger Tors oder am belebten Hackeschen Markt.

Wie selbstverständlich neue Wohnmodelle für Ältere bereits geworden sind, wurde deutlich, als der IG-Metall-Vorsitzende Jürgen Peters im Herbst des Jahres 2003 in die Schlagzeilen geriet. Beim Kauf zweier Villen in Hannover sei nicht alles korrekt zugegangen, behaupteten verschiedene Medien. Nur beiläufig wurde dabei erwähnt, was Peters mit den Häusern plante: Er wollte eine Alten-Wohngemeinschaft gründen. Vor zehn, womöglich vor fünf Jahren hätte dieses Wohnkonzept vermutlich für ähnliche Aufmerksamkeit gesorgt wie das umstrittene Immobiliengeschäft. Inzwischen horcht kaum jemand auf.

Ein Grund dafür ist die gestiegene Lebenserwartung: Es liegen immer mehr Jahre zwischen der Familienphase und der eigenen Pflegebedürftigkeit – da lohnt es eher, nach passendem Wohnraum zu suchen. In Zukunft wird es noch mehr alte Menschen ohne eigene Kinder geben – und noch mehr Rentner, die lange Wege zur Familie zurückzulegen haben. Die Generation, die in Studentenjahren das WG-Dasein als politisches Projekt verstand, sucht im Alter wieder nach Gemeinschaftsmodellen – diesmal, um nicht allein zu sein.

Mit viel Verspätung hat die Immobilienbranche ältere Menschen als Kundschaft entdeckt. Sie bietet vor allem »betreutes Wohnen« an: Abgeschlossene barrierefreie Wohnungen, in denen jeder seinen eigenen Haushalt führen, notfalls aber auch Hilfe in Anspruch nehmen kann. Manchmal lässt sich diese Mischung in der eigenen Wohnung verwirklichen, mitunter zieht man in eine eigens errichtete Anlage. So lassen sich die beiden Wünsche verbinden, die nach einer Umfrage des Kuratoriums Wohnen im Alter bei älteren Menschen ganz oben in der Prioritätenliste stehen: »Hilfe nur, wenn ich sie brauche« und »Nicht abgegrenzt wohnen – Teil der Gesellschaft bleiben«.

WG-Leben für Mittfünfziger

Rosi Barthels liebt Berlin, und das seit über dreißig Jahren. 1968 kam sie in die Stadt, froh, die Enge ihres sauerländischen Heimatortes hinter sich zu lassen, aber doch mit dem klaren Ziel, schnell zu heiraten und ganz bürgerlich eine Kleinfamilie zu gründen. »Nur wollten das meine damaligen Männer nicht«, erzählt sie. »Die fanden das Leben in Wohngemeinschaften spannender. Ich hatte eigentlich anderes vor, aber so kann es kommen: Jetzt bin ausgerechnet ich die Einzige, die immer noch so lebt.«

Vier Erwachsene im Alter zwischen 53 und 60 und ein Siebzehnjähriger, Barthels' Sohn Jonathan, leben zusammen in einer 200-Quadratmeter-Altbauwohnung in Berlin-Charlottenburg. An der Klingel stehen vier Namen, im langen Wohnungsflur zwei Fahrräder, in einem der stuckverzierten Zimmer ein Hochbett – und auch sonst erinnert einiges an studentisches Wohngemeinschaftsleben. Sämliche Ausgaben für Einkäufe werden in ein Buch eingetragen und abgerechnet, und immer noch wird regelmäßig gemeinsam gegessen.

Vieles hat sich verändert, seit Rosi, ihr Mann Herbert und das Paar Siggi und Margit im Sommer 1979 gemeinsam ihren Mietvertrag unterschrieben. Beim Einzug war Rosi Barthels mit ihrem ersten Kind schwanger, inzwischen sind beide Söhne groß, der Ältere studiert und hat selbst schon eine Wohngemeinschaft gegründet. Die langen Grundsatzdebatten und den obligatorischen wöchentlichen WG-Abend gibt es nicht mehr; die ideologischen Vorbehalte dagegen, eine Putzfrau zu beschäftigen, sind ebenfalls längst abgeräumt. »Als wir damals einzogen, musste man zum Schein ein Aufgebot bestellen, um als junges Paar einen Mietvertrag zu bekommen«, erzählt Barthels. Bei Unverheirateten sprach man noch von »Wilder Ehe«.

Beide Paare haben tatsächlich geheiratet, sie haben sich damit allerdings fast zwanzig Jahre Zeit gelassen. Bei den beiden Hochzeiten hatten alle vier das fünfundvierzigste Lebensjahr hinter sich. Die Wahl des Hochzeitsgeschenks für Siggi und Margit sagt viel über das Zusammenleben: Die beiden wünschten sich edles Porzellan, ganz wie ein junges Brautpaar. Aber es war nicht nur selbstverständlich, dass alle Mitglieder der Wohngemeinschaft das Wedgwood-Geschirr später benutzen würden. Beide wollten unbedingt, dass Rosi Barthels mit ihnen vorher durch die Fachgeschäfte ging: »Du kochst von uns mit Abstand am häufigsten, also musst du mitentscheiden, war ihr Argument« erzählt sie. »Das fand ich wirklich schön.«

Solche Vertrautheit gibt man nicht ohne weiteres auf. Aber in der gleichen Wohnung zusammen alt werden? Es könnte gehen. Die vier Erwachsenen denken aber auch über andere Lösungen nach. In Berlin legen sich viele Freundeskreise im gleichen Alter aneinander grenzende Genossenschaftswohnungen zu, die »altentauglich« hergerichtet werden. Vielleicht zieht die WG aus Charlottenburg um und sucht sich paarweise neue Wohnungen, gemeinsam mit anderen Freunden. Das könnte eine gute Mischung aus Gemeinschaft und Unabhängigkeit sein, findet Barthels. Aber vielleicht wird aus ihnen noch eine richtige Senioren-WG.

Sie könnten zu den Ausnahmen gehören, bei denen dieses Modell funktioniert. In vielen anderen Fällen bestehen solche engen Wohnformen mit gemeinsamem Bad und gemeinsamer Küche nicht lange. Jenseits der sechzig stellt man sich offenbar nicht mehr so leicht so intensiv aufeinander ein. »Wenn wir ausnahmsweise alle zur gleichen Zeit das Haus verlassen müssen, stellen wir uns auch mal gemeinsam im Bad zum Zähneputzen vor den Spiegel, aufgereiht wie Heringe«, erzählt Rosi Barthels. Aber das sei nur möglich nach langem familienartigen Zusammenleben. »Wenn man erst mit sechzig zusammenzieht, macht man das nicht. Ich kann mir kaum vorstellen, dass ein so enges Zusammenleben dann funktioniert.«

Abschied vom Altersheim

Noch sind die meisten Wohnungen in Deutschland auf die Bedürfnisse der klassischen Kleinfamilie zugeschnitten, obwohl schon 1999 nur noch jeder dritte Haushalt ein Familienhaushalt mit zwei Erwachsenen und mindestens einem Kind war. Doch viele Kommunen wollen unterschiedlichste Wohnprojekte für Ältere unterstützen. Sie müssen sparen; alles, was die Kosten für professionelle Altenpflege verringert, ist in ihrem Sinn. Teure Pflegefälle werden oft mit Sozialhilfe bezahlt und belasten daher die städtischen Etats.

Durch Haus- und Wohngemeinschaften für Alte lassen sich Heimaufenthalte zwar nicht vermeiden, aber oft um Jahre hinausschieben.

In der Vergangenheit gingen die Kommunalpolitiker das Problem falsch an. Sie versprachen hohe Geldprämien, damit alte Menschen ihre großen Wohnungen verließen – und wunderten sich dann über die geringe Resonanz. Dabei komme es darauf an, wie man für einen Umzug wirbt, schreibt die Darmstädter Schader-Stiftung in einem Bericht über Wohnprojekte für Ältere: Wer vor einer »Vergreisung« der Viertel warne, habe keine Chance. Niemand lasse sich schließlich gern vertreiben. »Den meisten Bewohnern waren jenseits des Horrorbilds Altersheim kaum Wohnalternativen für das Alter bekannt«, schreibt die Stiftung. »Ein Umzug kam nur dann in Frage, wenn Gebrechen oder materielle Not dazu zwangen.«

Dabei gibt es heute schon mehrere tausend selbst organisierte Wohnprojekte für Ältere: Bauernhöfe in der Eifel mit ökologischem Gemüseanbau, Frauenprojekte mit Namen wie »Altweibersommer«, Gruppen mit kämpferischen Titeln wie »Offensives Altern« oder auch groß angelegte komfortable Wohnanlagen für alternde Homosexuelle wie das Projekt »Village« im Berliner Stadtteil Schöneberg. Kontaktbörsen wie der »Verein für gemeinschaftliches Wohnen im Alter« raten dazu, möglichst früh nach Gleichgesinnten zu suchen. Immer mehr Menschen wollen das. Die Zahl der Anfragen ist innerhalb von vier Jahren von 2000 auf 9000 gestiegen. Mit der Verrentung der 68er dürfte die Vielfalt der Projekte weiter steigen. Wer schon zu Studentenzeiten gelernt hat, mit Putzplänen und Gemeinschaftskassen umzugehen, probiert womöglich auch im Alter leichter neue Wohnmodelle aus.

Vom Putzplan zum Pflegeplan

Prominentester Vertreter dieses Konzepts ist der Bremer Bürgermeister Henning Scherf, der seit 16 Jahren mit seiner Frau und Freunden in einer Hausgemeinschaft wohnt. Scherf, der schon als Student in Hamburg mit Freunden eine Wohnung teilte, kann lange und schwärmerisch vom gemeinsamen Frühstück am Wochenende und gemeinsamen Reisen nach Israel erzählen. Mit seinen Freunden teilt er eine schöne Villa in zentraler Lage, die genug Rückzugsmöglichkeiten bietet. Man wohnt in Einzelwohnungen mit getrennten Bädern und Küchen. Einige haben Eigentumswohnungen, andere einen Mietvertrag. Man kennt sich seit über zwanzig Jahren, hat den Umgang im Urlaub erprobt. Der härteste Test steht allerdings noch aus: Die Freunde haben einander versprochen, gemeinsam alt zu werden, einander zu pflegen. Noch ist es nicht so weit.

Nicht alle, die im Alter nicht allein leben wollen, können so viel Zeit und Energie in eine Hausgemeinschaft investieren. Eine kleine Wohnsiedlung im Kölner Norden zeigt, dass es auch anders geht: 32 Parteien haben sich in der Wohnanlage »Mobilé« eingerichtet – junge Familien, allein erziehende Mütter und Alleinstehende im Rentenalter. Ungefähr ein Drittel der Bewohner sind Ruheständler. Viele wohnen zur Miete in preiswerten, aber hellen und modernen Sozialwohnungen, andere haben ihre Wohnungen gekauft. Die Innenstadt ist nah und gut durch öffentliche Verkehrsmittel zu erreichen, die meisten Älteren haben deshalb ihre Autos abgeschafft.

Der ganze Wohnblock ist mit Rücksicht auf alte Menschen gebaut, mit breiten, rollstuhlgerechten Fahrstühlen und geräumigen Badezimmern. Es gibt einen Gemeinschaftsraum, der gemietet werden kann und für gemeinsame Treffen offen steht, außerdem ein Stadtteilcafé. Der Umgang miteinander lässt sich vielleicht mit einer gut funktionierenden Dorfgemeinschaft vergleichen. Man hilft einander aus – die Älteren hüten gelegentlich die Kinder von nebenan, die Jüngeren schleppen dafür schwere Einkaufstaschen oder bringen im Rentnerhaushalt Gardinenhaken an. Mehr als eine überdurchschnittliche Hilfsbereitschaft und Aufgeschlossenheit wird nicht verlangt. Das Ideal ist nicht die Großfamilie, sondern gute Nachbarschaft.

Einige der Älteren waren gemeinsam im Urlaub; etliche Bewohner stießen Silvester um Mitternacht auf der großen Dachterrasse gemeinsam an – alles ohne Zwang. »Wir brauchen nicht mal eine Hausordnung«, sagt Trude Unstrut stolz, eine Rentnerin, die sich darauf einstellt, den Rest ihres Lebens im Haus Mobilé zu verbringen. Sie glaubt, die Chancen seien gut, es mit der Kombination aus ambulanter Pflegehilfe und netten Nachbarn lange aushalten zu können. Und sie glaubt, dass die Nähe zu jungen Familien ihr besser bekommt als eine Gemeinschaft mit lauter Gleichaltrigen.

Auch im Haus Mobile geht es vor allem darum, Einsamkeit im Alter zu vermeiden und Räume zu nutzen, in der auch ein gebrechlicher Mensch lange unabhängig bleiben kann. Das Zusammenleben in der Kölner Hausgemeinschaft wirkt unkompliziert, vermutlich taugt sie gerade deswegen als Modell für die Altengesellschaft von morgen: Man braucht weder viel Geld noch Glück, noch Beziehungen oder gar Wohngemeinschaftserfahrungen, um mitzumachen. Das Attraktivste am Wohnprojekt in Köln-Weidenpesch ist seine Normalität.

8. Frauen, Männer und Familien

Die berühmte Intellektuelle kam an einem sonnigen Herbsttag zu Besuch. Im Garten blühten Blumen, Bäume spendeten Schatten, und auf den ersten Blick sah auch das Innere des Spitals mitten in Paris sehr ansprechend aus: »Der Boden, die Wände, die Bettwäsche, alles war sehr sauber. Ich traf dort aufmerksame Ärzte, junge, liebenswürdige und hingebungsvolle Pflegerinnen«, notierte die Besucherin. Dennoch war sie schockiert von dem, was sie sah. Ungefähr zweihundert alte Menschen waren in drei Stockwerken zusammengepfercht, die meisten in großen Sälen. Eine Privatsphäre gab es nicht.

Die Betten standen dicht nebeneinander, mittendrin saßen einige der Spitalbewohner den ganzen Tag auf Toilettenstühlen, die selten gesäubert wurden. Ihre Nachbarn mussten den beißenden Gestank ertragen. Selbst die meisten Halbgesunden konnten das Gebäude nicht verlassen, weil sie im ersten Stock untergebracht waren und die Treppe nicht mehr schafften. Das Entsetzen der Besucherin ist jeder Zeile ihres Protokolls anzumerken. »Ich kann das Grauen dieses Erlebnisses nicht vergessen«, schreibt sie. »Ich sah dort menschliche Wesen, die in völliger Erniedrigung dahinvegetierten.«

Die französische Schriftstellerin und Feministin Simone de Beauvoir hat für ihr mehr als siebenhundert Seiten langes Werk »Das Alter« nicht nur Spitäler besucht, sondern Erkenntnisse der Biologie, Ethnologie, Geistesgeschichte, Soziologie und Psychologie zusammengetragen. Sie kam zu einem vernichtenden Ergebnis: »Dass ein Mensch während der letzten 15 oder zwanzig Jahre seines Lebens nur noch Ausschuss ist, offenbart das Scheitern unserer Zivilisation.« Der alte Mensch sei verurteilt, »in Einsamkeit und Langeweile dahinzuvegetieren« – und ganz besonders schlecht seien Frauen dran.

Für de Beauvoir beginnt deren Alter mit der Menopause, doch schon lange davor seien die Frauen von der Angst vor dem Altwerden besessen. Ist es so weit, empfinden sie »fast einen Widerwillen gegen sich selbst« – spätestens, wenn das sexuelle Interesse ihrer Ehemänner nachlässt. Und auch wenn es bestehen bleibt, hilft das nicht unbedingt: »Selbst wenn ihr Mann sie noch begehrt, kann ein tief verinnerlichtes Gefühl für Schicklichkeit sie dazu bringen, sich zu versagen.« Männer hingegen haben es leichter. Viele von ihnen »gewinnen ihre Manneskraft wieder, wenn sie die frühere Partnerin gegen eine neue, meist jüngere tauschen,« stellt de Beauvoir nüchtern fest und beschreibt die Liebschaften von Pablo Picasso, Henry Miller und H. G. Wells mit Frauen, die dem Alter nach Töchter oder Enkelinnen sein könnten.

Mehr als dreißig Jahre sind vergangen, seit »Das Alter« erschien, doch die Passagen über die Unterschiede zwischen den Geschlechtern wirken erstaunlich aktuell. Man schlage eine beliebige Zeitschrift des Jahres 2004 auf – überall finden sich große Berichte über den Frust älterer Frauen, und vieles klingt genau wie bei de Beauvoir. Sie fühlen sich einsam, überflüssig und unattraktiv, werden zugunsten von jüngeren Frauen verlassen und anschließend von potenziellen Partnern im gleichen Alter ignoriert. Alles wie gehabt, nur die Beispiele sind aktuell: statt auf Pablo Picasso verweist man auf Außenminister Joschka Fischer und seine 28 Jahre jüngere Freundin Minu Barati.

»Entgegen allen Behauptungen der Presse ist das Heer der einsamen verlassenen alternden Weiblichkeit groß und wird es bleiben. Es gibt keine alte Venus«, schreibt die Publizistin und emeritierte Literaturprofessorin Hannelore Schlaffer. Die Journalistin Evelyn Holst veröffentlichte ein ganzes Buch über Frauen, die ohne Partner und oft ohne Sex leben, dem *Stern* und *Brigitte woman* war das Thema Titelgeschichten wert (»Das Tabuthema: Frauen über 40 erzählen«). Die Berliner Psychologieprofessorin Eva Jaeggi, Autorin eines Buchs über das Lebensgefühl der jüngeren Alten, protokollierte die Erfahrungen einer 62-jährigen Büroleiterin: »Man kann es nicht fassen: Aber mit mir wird nicht mehr getanzt. Die ältesten Kollegen scharen sich um junge, neue Mitarbeiterinnen und lassen mich links liegen. Ab und zu kommt es natürlich schon vor, dass sich einer erbarmt – aber meist sitze ich den ganzen Abend gezwungen lächelnd dabei und habe das Gefühl, ich sei eine Tanzstundenmutti.«

Im Alter finde eine »erbarmungslose Entsolidarisierung der Männer gegenüber den gleichaltrigen Frauen« statt, schreibt Jaeggi. Die *tageszeitung* nannte die Altersfrage »das wichtigste Feld im künftigen Geschlechterkampf« und fragte gar: »Ist Sex mit Gleichaltrigen out?« Und die *Welt am Sonntag* resümierte: »Nach 45 Jahren Frauenbewegung und 26 Jahren Emma kehrt am Anfang des 21. Jahrhunderts ein Gespenst zurück, von dem wir glaubten, es längst verbannt zu haben. Es ist der jüngere Bruder der Torschlusspanik und heißt Verfallsdatum.«

Frauen altern anders als Männer. Sie erleben körperlichen Verfall früher, oft länger und meist bewusster. Die Lebensphase, in der sie eine Familie gründen können, ist viel kürzer. Falls Frauen dieses Zeitfenster nicht nutzen, müssen sie sich häufiger als Männer dafür rechtfertigen, dass sie keine Kinder haben. All das dürfte noch eine Weile so bleiben. Die Fertilitätsmedizin wird die Phase der Fruchtbarkeit vermutlich verlängern, aber nicht unendlich ausdehnen können. Insofern ist das Alter ein Geschlechterthema, das besondere Interesse von Frauen liegt auf der Hand – und doch erstaunt der Tonfall, in dem die älteren von ihnen über ihre Erfahrungen schreiben und sprechen: Ausgerechnet die selbstbewusste Frauengeneration der 68er verfällt an der Grenze zum Rentenalter in einen merkwürdigen Jammerton angesichts nachlassender Attraktivität. Dabei wollten gerade diese Frauen sich früher, als sie jünger waren, oft auf keinen Fall durch Äußerlichkeiten »definieren« lassen, wie man damals sagte. Plötzlich zählt doch nur die Biologie.

Selbst die kluge Cora Stephan schreibt in einem *Kursbuch*-Essay darüber, wie die »unbestreitbare Gültigkeit des Gesetzes der Schwerkraft« den Sex verändert: Daraus folge, dass »Frau oben und Mann unten nur dann dazu geeignet ist, so etwas wie weibliche Emanzipation unter Beweis zu stellen, wenn sie unter dreiundzwanzig ist. Danach liege Frau unten. Es sieht einfach besser aus.« Man sieht förmlich vor sich, wie all die selbstbewussten, intelligenten Frauen der 68er-Generation angesichts von Cellulitis und schlaffen Brüsten resignieren und vor jedem Sex verschämt das Licht ausknipsen. Vielleicht lesen sie danach noch ein wenig de Beauvoir, ganz wie früher. Im »Alter« gibt es eine Passage über ältere Frauen, »die es nicht mehr ertragen, sich den Blicken eines anderen auszusetzen.«

Bella Block statt Miss Marple

Kaum ein Bereich des gesellschaftlichen Lebens hat sich in der jüngeren Vergangenheit so stark verändert wie das Selbstverständnis, die Möglichkeiten und die Einkommen von Frauen. Es stimmt vermutlich, dass Flirts und Partnersuche jenseits der fünfzig oft schwieriger werden, aber es hat sich doch unendlich viel getan: Vor zwanzig Jahren wurden viele Frauen über fünfzig von ihren Ehemännern noch mit »Mutti« angeredet. Es wäre kaum vorstellbar gewesen, dass eine Politikerin wie die Gesundheitsministerin Ulla Schmidt, unverheiratet und zu diesem Zeitpunkt bereits Großmutter, in der Talkshow »Beckmann« nach der Partnersuche gefragt, kokett von ihren Erfahrungen berichtet und augenzwinckernd gesteht: »Es muss sich schon lohnen.«

Dennoch wird oft darüber geklagt, dass die älteren Frauen »unsichtbar« sind, nicht mehr wahrgenommen werden – im Privaten und in der Öffentlichkeit. »Ein fünfjähriges Mädchen in Amerika ohne Großeltern weiß nicht, dass eine Frau älter werden kann als 45 Jahre, weil sie im Fernsehen nicht vorkommt. Oder wenn, als Hexe«, sagte *FAZ*-Herausgeber Frank Schirrmacher im Sommer 2004 bei einer Diskussionsrunde der Heinrich-Böll-Stiftung. Er stieß auf keinen Widerspruch.

Dabei weiß ein fünfjähriges deutsches Mädchen, dessen Eltern Fernsehabende gestatten, sehr genau, wie ältere Frauen aussehen: so wie Hannelore Elsner, Hannelore Hoger, Iris Berben, Senta Berger oder Elke Heidenreich. Möglicherweise weiß es nicht, dass die Arbeit als Kommissar auch ein Job für Männer ist. Hoger, Berben und Elsner dominieren die Programme, mit großem Erfolg und seit etlichen

Jahren. »Sie suchen nicht den Mann fürs Leben, sondern den Mörder«, schrieb die *Zeit*-Autorin Sabine Rückert schon 1998 in einem Gruppenporträt. Sie lieferte eine einleuchtende Erklärung für die große Resonanz: Frauen suchen nach Lebensmodellen, gerade Jüngere. Sie lechzen regelrecht danach, hieß es, viel mehr als Männer. Es gibt aber wenig konkrete Vorstellungen davon, wie Frauen heutzutage altern sollen – welche Rock- und Haarlänge oder wie viel flirtives Verhalten angemessen ist. Vor den Erfolgen von Elsner und Hoger trug das Fernsehen nicht viel zur Identitätsbildung bei. Die einzige berühmte weibliche Krimiheldin war Miss Marple, dargestellt von Margaret Rutherford. Sie hatte viele außergewöhnliche Fähigkeiten, aber eines bestimmt nicht: Sex-Appeal.

Wie werden die Frauen der Babyboomer-Generation mit dem Alter fertig werden? Viele Prognosen sind noch deprimierender als die Berichte über den Status quo. In Zukunft würden ältere Frauen noch viel häufiger von gleichaltrigen Partnern verlassen werden, heißt es. Viagra und andere Potenzmittel treiben demnach ältere Männer zunehmend in die Arme junger Frauen – und verändern in der gealterten Gesellschaft das Verhältnis der Geschlechter ähnlich radikal wie zuvor die Pille. Noch mehr alte Männer gründen folglich im fortgeschrittenen Alter neue Familien, den Frauen ist dieser Neuanfang verwehrt.

Dieses Szenario setzt alle Beteiligten in ein schlechtes Licht. Ältere Frauen stehen als Opfer da – als könnten sie von den medizinischen Neuheiten nicht ebenfalls profitieren. Dabei ist genau davon auszugehen: Wenn ältere Männer dank neuer Medikamente häufiger Sex haben können, wenn sie dabei angstfreier, entspannter oder auch leidenschaftlicher sind, so wird das viele gleichaltrige Frauen glücklich machen.

Die Männer kommen in den Viagra-Szenarien noch schlechter weg. Es wird unterstellt, dass Potenzprobleme als Kitt für langjährige Beziehungen älterer Menschen wirken: Nur wenn es im Bett ohnehin nicht mehr klappt, bleibt der Mann bei seiner gleichaltrigen Frau. In anderen Worten: Er verhält sich wie ein beziehungsunfähiger Idiot. Kaum jemand scheint sich daran zu stören. Der Publizist Jörg Lau hat das Problem anhand des Filmes »Wie es euch gefällt« deutlich gemacht – am Beispiel des von Jack Nicholson dargestellten Machos, der vor dem Sex mit seiner deutlich jüngeren Freundin Viagra einnimmt und dabei peinlich wirkt.

»Was ist so lächerlich an dem Potenzmittel, das Nicholson als alternder Playboy schluckt?«, fragt Lau in einem Essay über »Männerhass und Männerselbsthass«. »Niemand würde darüber lachen, dass eine Frau über sechzig weiterhin Wert auf sexuelle Aktivität legt. Im Gegenteil würde dergleichen völlig zu Recht als Zeichen von Lebensfreude und Selbstbestimmung begrüßt. Muss männliche Sexualität im gleichen Maße abgewertet werden, wie die weibliche zu ihrem Recht kommt? Weil Erstere von der radikalfeministischen Ressentimentkritik erfolgreich mit Gewalt und Waffengebrauch assoziiert wurde, ist der Kampf gegen Viagra die Fortsetzung der Friedensbewegung mit anderen Mitteln.«

Möglicherweise ist es einige Gedanken wert, warum ältere Männer bisher ihre Frauen verlassen und warum jüngere Geliebte immer wieder an ihnen Gefallen finden. Geht es wirklich ausschließlich um Sex, Erotik, Jugendlichkeit – und um die Gründung von Familien? Die meisten Ehescheidungen verzeichnet die Statistik im sechsten oder siebenten Ehejahr. Für Paare, die schon lange zusammengehören, kommen Bewährungsproben beim Wechsel zwischen verschiedenen Lebensphasen, etwa, wenn die Kinder ausziehen oder wenn der Familienvater in Rente geht. Diese Konflikte wird es auch in Zukunft geben, aber anders als beim klassischen Ernährer-Hausfrauen-Modell, das bei den heutigen Rentnern noch überwiegt.

Alter Mann mit junger Frau – das wird häufig gedeutet als Tausch von Jugendlichkeit gegen Status. Schon heute funktioniert er nur für erfolgreiche Männer. Einen Arbeitslosen aus Hoyerswerda, der heute schon keine Freundin findet, rettet auch Viagra nicht. In Zukunft wird der Tauschhandel dadurch erschwert, dass es in der alternden Gesellschaft viel weniger junge Frauen, aber viel mehr ältere Männer aus der Generation der Babyboomer geben wird. Es mag ja sein, dass sich einige der Zwanzigjährigen von morgen einen attraktiven sechzigjährigen Viagra-Konsumenten schnappen. Aber als Modell für Mehrheiten taugt diese Konstellation schon rechnerisch nicht. Und vielleicht rücken die Frauen ja bei Status, Gehalt und Sozialprestige doch noch gegenüber den Männern weiter auf. Dann wird das Modell des *trophy wife* noch seltener.

Mit Viagra und der Sexualität im Alter verhält es sich wie mit der Demographiedebatte selbst. Lange galt Begierde von Alten als unpassend, man schwieg und schaute weg. Inzwischen droht eher das andere Extrem. Die Psychologin Eva Jaeggi hat erlebt, dass ihre Gesprächspartner vor Scham erröteten, sobald sie das Thema Lust ansprach – aber nicht etwa, weil sie Sex hatten, sondern weil sie keinen Sex hatten und ihnen das unangenehm war. »Den jetzigen jungen Alten hat schon zum Teil die 68er-Revolution ein schlechtes Gewissen gemacht, wenn sie nicht allzu aktiv waren, vor allem, wenn sie nicht ein wenig promiskuitiv waren«, schreibt die Professorin. Jetzt stresst sie das Klischee von den jungdynamischen Alten mit Sexualleben bis zum Tod. Vielleicht haben die Alten von morgen, die Babyboomer, der Generation ihrer Eltern ja voraus, dass im Alter ein wenig vom Leistungsdruck im Bett erlischt.

Von der Frauenbewegung lernen

Kommen wir zurück zu Simone des Beauvoir. Sie ist nicht die einzige Ikone der Frauenbewegung, die über das Alter geschrieben hat. Die amerikanische Feministin Betty Friedan hat ein noch umfangreicheres, mehr als achthundert Seiten dickes Werk über den »Mythos Alter« verfasst. Bei Friedan sind die Parallelen zwischen Alters- und Frauendebatte besonders deutlich – zum Beispiel, wenn sie über Werbung und Medien schreibt.

Sie wertete hunderte von Zeitschriften und Magazinen aus und fand kaum irgendwo positive Bilder von älteren Menschen – wenn sie gezeigt wurden, dann waren sie fast immer krank und schwach. »Ein Besucher von einem anderen Stern käme auf Grund der Bilder in den Zeitschriften wahrscheinlich zu dem Schluss, dass diejenigen Amerikaner, die nicht mehr als jung durchgehen, sich dort, wo man arbeitet, studiert, sich amüsiert und Sport treibt, nicht mehr sehen lassen dürfen«, schreibt Friedan. »Ich musste daran denken, wie ich vor gut dreißig Jahren plötzlich gespürt hatte, dass in den Frauenzeitschriften, die ich las und für die ich schrieb, bei der Darstellung der Frau etwas fehlte. Die Frau wurde nur in ihrer Beziehung zu einem Mann gezeigt.«

Es gibt viele Gemeinsamkeiten zwischen Frauen- und Altersdebatte. Die Klage über mangelnde Vorbilder in den Medien, über diskriminierende Darstellung in der Werbung gehört dazu, aber auch die Erfahrung, wie schwer sich eine große heterogene Interessengruppe organisieren lässt. Die Frauenbewegung hat stets betont, für eine Mehrheit der Bevölkerung zu sprechen – und hatte doch nie ein entsprechendes Gewicht, eben weil die Interessen der Frauen sehr unterschiedlich sind. Kleinere Gruppen, Landwirte etwa, haben es da leichter. In den Vereinigten Staaten erlebt die Rentnerlobby AARP, mit 32 Millionen Mitgliedern die zweitgrößte Nonprofit-Organisation der Welt, gerade, wie schwer es ist, die Interessen von jüngeren und älteren Ruheständlern zu verbinden. Traditionell bemühte der Verband in der Öffentlichkeit stets das Image der Not leidenden, armen Ruheständler und stritt für Rentnerrabatte in Schwimmbädern oder öffentlichen Verkehrsmitteln. Die jüngere Generation der amerikanischen Babyboomer kann mit solcher Opferrhetorik häufig wenig anfangen, ihr ist eher daran gelegen, als tatkräftig und leistungsfähig dargestellt zu werden. Beide Interessen sind kaum zu verbinden.

Die Alten von morgen können vor allem eines von der Frauenbewegung lernen: Wer Interessen durchsetzen will, sollte sich entscheiden, ob er seine prinzipielle Andersartigkeit oder eher die Gleichartigkeit betonen will. In der Frauenbewegung gab es immer beides: Diejenigen, die Emotionalität, Einfühlsamkeit, Fruchtbarkeit oder was auch immer Frauen tatsächlich oder vermeintlich zugeschrieben werden konnte, besonders hervorhoben und deswegen Schutz oder auch Bewunderung forderten.

Andere sahen darin eher eine Falle. Die französische Feministin Elisabeth Badinter hat die Opferrhetorik vieler Frauen in ihrem Buch über »schwache Frauen, gefährliche Männer und andere feministische Irrtümer« als gefährlichen Rückfall beschrieben: Es müsse um gleiche Rechte gehen, nicht darum, die Überlegenheit des Weiblichen über das Männliche zu beweisen. Denn diese These von der prinzipiellen Andersartigkeit wirkt sich schnell wieder zu Lasten von Frauen aus.

Für die Rentner wird es in Zukunft um ähnliche Fragen gehen. Wie sehen sie sich selbst – schutzbedürftig oder überlegen? Mit Opferrhetorik lässt sich in der deutschen Sozialpolitik erfahrungsgemäß eine Menge erreichen. Jammern kann viel Geld einbringen. Aber ein positives Selbstbild, ein angenehmes Lebensgefühl entsteht dabei nicht.

Die Diskussionen über Frauen und über die Grauen gehören zusammen. Erst hat sich die Frauenbewegung auf die Demographie ausgewirkt, demnächst wird es umgekehrt sein: Mit der Demographiedebatte ändert sich die gesellschaftliche Rolle der Frauen, denen für Fertilitätsraten und Geburtenquoten oft eine andere Verantwortung unterstellt wird als den Männern. Es wird eine andere Wertschätzung für Mütter geben, möglicherweise mehr Druck auf Kinderlose. Man besuche eine beliebige öffentliche Diskussionsrunde über den demographischen Wandel, um jetzt schon einen Eindruck davon zu bekommen: Immer sind es Veranstaltungen, bei denen es schnell persönlich wird, bei denen Menschen von ungewollter Kinderlosigkeit oder vergangenen Abtreibungen erzählen wollen – und irgendjemand schimpft immer über Frauen ohne Kinder. Es geht um Themen, zu denen jeder eine Meinung hat. Zwischen intimsten Entscheidungen über Sexualität und Partnerwahl und der ganz großen Krise des Sozialstaats lässt sich eine Verbindung herstellen. Die Menschen spüren plötzlich wieder, dass das Private politisch ist.

Das Modell Prenzlauer Berg

Das Programmkino »Blow up« lag in einem Berliner Hinterhof, neben einem Fitnesscenter. Ohne das kleine Schild am Straßenrand hätte man es nicht gefunden. Normalerweise war hier nur abends etwas los, aber an jedem Dienstag begann gegen elf eine ungewöhnliche Vorstellung: Ein Sonderprogramm für Eltern mit Neugeborenen. Diesmal standen acht junge Mütter im Vorraum, einige trugen ihr Kind vor dem Bauch im Umhängetuch. Sie wählten einen Film aus und diskutierten über die Lautstärke: Wachen schlafende Kinder auf, wenn es etwas lauter wird? Oder ist ein höherer Pegel ganz gut, um gelegentliches leises Plärren oder Schmatzgeräusche zu übertönen? Die Frauen entschieden sich für einen Film aus einer Serie russischer Autorenfilmer. Normalerweise nicht gerade ein Kinderprogramm.

Die Chefin des Programmkinos, selbst Mutter von zwei Kindern, hatte die Idee für das Mutter-Kind-Programm. Ihre Freundinnen klagten nach der Geburt ihrer Kinder, sie seien nicht mehr auf dem Laufenden. Bald gab es einige treue Fans, die in den Wochen nach der Geburt mehr Filme sahen als sonst im ganzen Jahr.

Das Angebot ist typisch für den Stadtteil Prenzlauer Berg. Nirgendwo sonst in Berlin entstanden so viele Angebote für junge Eltern, kaum irgendwo gibt es so viele kleine Kinder. Die Zahl der Unter-Dreijährigen ist allein zwischen den Jahren 2000 und 2003 um 23 Prozent gestiegen, eine Folge der Tatsache, dass nach der Wende viele junge Studenten in die schönen und billigen, aber oft schlecht sanierten Altbauten im Ostteil der Stadt zogen, die nun seit einigen Jahren dort Familien gründen. Jetzt ist Prenzlauer Berg eine »Enklave der Fruchtbarkeit«, wie die *Berliner Zeitung* schrieb: »Kinder-City, der Bezirk der Vatis und Muttis.« Auch andere In-Viertel wie Mitte oder Friedrichshain-Kreuzberg liegen mit rund zehn Geburten pro tausend Einwohner an der Spitze der Berliner Babystatistik. Die Szeneviertel verjüngen sich.

Früher wären die jungen Eltern in ruhigere Vororte gezogen, sie hätten sich für die Fahrten in die Stadt ein geräumiges Auto mit Kindersitz angeschafft sowie ein Haus oder zumindest eine Mietwohnung mit Grün vor der Tür. Die jungen Eltern vom Prenzlauer Berg kommen trotz Nachwuchs oft mit einem Fahrrad aus. Nur lassen sich die Räder in den Treppenhäusern der Viertels nicht mehr ohne weiteres unterbringen, weil hier so viele Kinderwagen stehen.

Prenzlauer Berg, Friedrichshain, Pankow und Mitte, vier Bezirke im Ostteil Berlins, sind bei jungen Eltern auch deshalb beliebt, weil sie die gute Ausstattung mit Kitas schätzen. Das ist ein Relikt aus DDR-Zeiten, das Berlin von westdeutschen Großstädten grundlegend unterscheidet. In ganz Deutschland kommen auf 1000 Kinder nur etwa 85 Krippenplätze. Mit den Betreuungsangeboten fing alles an, inzwischen ist in Prenzlauer Berg allerdings längst eine Infrastruktur entstanden, die auf die Interessen der Kinder zugeschnitten ist, vor allem aber zu den Neigungen junger Eltern passt, die mit ihren hippen Sonnenbrillen und Kinderwagen im trendigen Siebziger-Jahre-Design durch den nahe liegenden Volkspark Friedrichshain schlendern. Das »Blow up« gehört zu dieser Infrastruktur dazu, aber auch der internationale Kinderbuchladen in der Kollwitzstraße, unzählige Kinder-Secondhand-Shops, viele Spielplätze und das indische Restaurant in der Raumerstraße, das seit einiger Zeit »Micky's Spielparadies« heißt. Auf zwei Etagen können sich Kinder austoben – und die Eltern indisch essen.

Auch die Strandclubs, die in den Jahren 2003 und 2004 in vielen Teilen Berlins entstanden, werden besonders oft von jungen Eltern genutzt. Im »Monbijou-Park« in Berlin-Mitte beispielsweise wurde am Ufer der Spree viel Sand aufgeschüttet, und es wurden Strandkörbe und Sonnenstühle aufgestellt – eigentlich eher für Erwachsene als für Kinder. Aber junge Eltern entdeckten schnell, wie bequem es sich dort beim Sonnenuntergang mit Freunden plauschen lässt, während gleichzeitig der Nachwuchs Burgen baut. Junge Erwachsene müssen vergleichsweise wenig an ihrem Leben ändern, wenn sie dort oder in Prenzlauer Berg Eltern werden.

In vielen Großstädten gibt es vergleichbare Gegenden. In London gilt beispielsweise das trendige Clapham Common als Elternparadies, ein Viertel mit vielen Künstlern, Open-Air-Konzerten und einer der höchsten Geburtenraten der Stadt. Hier verkaufen kleine Shops T-Shirts für Schwangere, auf denen »No, I'm not fat« zu lesen ist. Hier tragen junge Frauen im Sommer stolz ihre gepiercten dicken Bäuche zur Schau. In Clapham Common ist es ziemlich schick, Mutter oder Vater zu sein.

Solche Viertel sind deswegen bemerkenswert, weil es bisher häufig hieß, die meisten Geburten gebe es in besonders traditionellen Regionen. Katholisch, ländlich, konservativ – so stellte man sich bisher kinderreiche Gebiete vor. Vielen Demographen bereitete das Sorgen, weil die Lebenssituation vieler Frauen in diesen Regionen nicht gerade zu den typischen Lebensentwürfen junger Akademikerinnen zu passen schien. Für das Kinderkriegen mochte es ja vorteilhaft sein, im Heimatort in der Nähe der Großeltern zu leben

– attraktive Jobs gab es dort meistens nicht. Schlecht für diejenigen, die sich nicht zwischen beidem, Kindern und Job, entscheiden wollen. In einigen elternfreundlichen Großstadtvierteln scheint das einfacher zu sein.

Die höchsten Geburtenraten Deutschlands hat die Region um Cloppenburg in Nordrhein-Westfalen. Auf den ersten Blick scheint sie in das konservative Raster zu passen. »Aber nur auf den ersten Blick – und das nicht nur, weil die Mehrheit dort protestantisch ist«, sagt Reiner Klingholz, Geschäftsführer des Berlin-Instituts für Bevölkerung und Entwicklung. Klingholz hat mit seinen Mitarbeitern einen Demographie-Zukunftsatlas für Deutschland entwickelt, der genau Auskunft über Geburtenraten, Zu- und Abwanderung und die Konsequenzen für Stadtplaner gibt. Es gebe keine einfache Erklärung dafür, warum in bestimmten Regionen mehr Kinder geboren werden, sagt er. Eine gute Kinderbetreuung sei wichtig – aber wenn beispielsweise das ökonomische Umfeld nicht stimmt, nützt das wenig. Ostdeutsche Städte haben besonders viele Kita-Plätze und dennoch besonders wenig Kinder.

»Entscheidend ist auch der Optimismus, das allgemeine Lebensgefühl«, sagt Klingholz. Hinzu komme ein zweiter Faktor: Viele Kinder werden da geboren, wo schon viele Kinder sind – wo also, wie in Prenzlauer Berg, das Umfeld dafür stimmt, wo das Babyphon im Restaurant nicht auffällt und die Apotheken Absaugpumpen im Sortiment haben für Mütter, die nicht stillen wollen. Entscheidend ist, ob Familien die Norm oder eine Ausnahme sind. An ein Dasein ohne Kinder kann man sich offenbar leicht gewöhnen. Für Berlin sieht es danach, trotz der Ostberliner Fruchtbarkeitsenklaven, nicht gut aus: Nach dem Familienbericht des Jahres 2002 lebten nur in jedem fünften Haushalt Kinder. Nur in sieben Prozent aller Haushalte lebt noch die einstige Musterfamilie aus Vater, Mutter und zwei oder mehr Kindern.

Ein Vorschlag zur Familienpolitik

Dass die Deutschen altern, nicht nur individuell, sondern auch statistisch, ist nicht mehr aufzuhalten. Weder durch Zuwanderung noch durch Familienpolitik lässt sich dieser Prozess stoppen. »Wollte man den Anstieg des Altenquotienten allein durch die Erhöhung der Geburtenrate verhindern, wäre eine Erhöhung der Geburtenzahl pro Frau von zurzeit rund 1,3 auf 3,8 erforderlich«, rechnet der Bielefelder Demographieprofessor Herwig Birg vor. Dieses Ziel hat keine Chancen, umgesetzt zu werden. Das ändert aber nichts daran, dass der Staat seinen Bürgern helfen kann, den allen Umfragen zufolge vorhandenen Wunsch nach einer Familie auch tatsächlich zu verwirklichen.

Es gibt dafür unzählige Vorschläge und Konzepte, die vermutlich kombiniert die größte Wirkung zeigen würden: Bessere Betreuungsangebote, kürzere Bildungszeiten, Vereinbarkeit nicht nur von Job und Familie, sondern auch von Studium oder Ausbildung und Kindererziehung. Das Beispiel Frankreich zeigt, so der Berliner Soziologieprofessor Hans Bertram, dass es zudem sinnvoll ist, unterschiedliche Familien unterschiedlich zu unterstützen: Bei der Geburt des ersten Kindes geht es vor allem darum, gute Betreuungsmöglichkeiten anzubieten und den Anschluss an das alte Leben vor der Geburt leicht zu machen. Beim dritten oder vierten Kind spielt die finanzielle Unterstützung eine viel größere Rolle.

Die Bundesregierung gibt dafür, anders als häufig angenommen wird, im internationalen Vergleich nicht wenig aus. Es gibt allerdings so viele unterschiedliche Leistungen für Familien, dass kaum jemand einen genauen Überblick darüber hat. Das Institut für Weltwirtschaft in Kiel kam bei einer Auflistung im Jahr 2001 auf einen Betrag von etwa 158 Milliarden Euro, der sich aus Leistungen von Bund, Ländern, Gemeinden und Sozialversicherungen zusammensetzte. Zum Vergleich: Der gesamte Bundesetat desselben Jahres hatte ein Volumen von 238 Milliarden Euro. Über Details der Erhebung lässt sich streiten. So hat die Autorin Astrid Rosenschon 24 Milliarden Euro Steuerausfälle durch das Ehegattensplitting mitgezählt, obwohl hiervon auch Kinderlose profitieren. Auch vierzig Milliarden Euro für Schulen sind eigentlich keine Ausgaben der Familienpolitik.

Gleichwohl zeigt die Studie eine Schwäche des bestehenden Systems: Es gibt viele wenig bekannte Einzelleistungen – vom Baukindergeld bis zur Beitragsfreiheit für Kinder in der Gesetzlichen Krankenversicherung und den Besoldungszulagen für Eltern, die im öffentlichen Dienst beschäftigt sind. Im Jahr der Untersuchung gab der Staat für die Kinder der Beamten immerhin 7,1 Milliarden Euro aus. Seit die Studie erschienen ist, kamen noch weitere Leistungen für Eltern hinzu – etwa bei der Riester-Rente. Wer Kinder hat, bekommt höhere Zuschüsse vom Staat zur privaten Altersvorsorge.

Es spricht viel dafür, die Ausgaben für Eltern stärker als bisher zu bündeln. Das wäre ein Beitrag zur Familienpolitik, der nichts kostet und für jeden verständlich ist. Wer Kinder hat, bekäme mehr Geld vom Staat – dafür aber keine Extra-Zuschüsse mehr, wenn er ein Häuschen baut. Nach einer Untersuchung des Bundes der Steuerzahler gibt es elf verschiedene staatliche Stellen, die Geld für Kinder zahlen. Es dürfte wenig Eltern geben, die solche Förderungen auch nur annähernd durchschauen – und noch weniger junge Menschen, die eine Familie überhaupt erst gründen wollen. Wer denkt schon an das Baukindergeld, wenn er überlegt, ob er sich Kinder leisten kann und will? Bei der Entscheidung für oder gegen Nachwuchs ist Geld zwar nur ein Faktor unter vielen. Gleichwohl könnte es bei einigen jungen Paaren Eindruck machen, wenn sie sehen würden, dass der Staat sie mit mehreren hundert Euro pro Monat stützt.

Bisher gleicht die Familienförderung der Arbeitsmarktpolitik: Die Deutschen geben mehr Geld dafür aus als viele Nachbarn, sie haben aber weniger Erfolg damit. Das liegt auch an den offiziellen Zielen: Kaum ein Politiker mag öffentlich laut sagen, dass eine erfolgreiche Familienpolitik mehr Kinder bedeutet, dass also der Staat einen Beitrag zum Anstieg der Geburten leisten kann und soll. Das klingt nach NS-Jargon, nach der verhassten Bevölkerungspolitik der Nazi-Jahre und nach unzulässigen Eingriffen des Staates in die allerprivateste Sphäre seiner Bürger. Man redet deshalb lieber darüber, dass die Situation der Familien verbessert werden soll. Dafür scheint das Klein-Klein der aktuellen Förderung eher angemessen.

Tatsächlich würde eine gezieltere Politik viel mehr bewirken. Es ist auch nicht verwerflich zu sagen, dass das Land mehr Kinder braucht – es soll ja niemand zum Gebären gezwungen werden, der Wunsch nach einer Familie ist bei den meisten Menschen ja da. Wenn der Staat schon Milliarden ausgibt, dann sollten die Menschen es auch wissen und merken.

Die Bohnenstangenfamilie

Über das Privatleben ihres Regierenden Bürgermeisters Klaus Wowereit wissen die Berliner ziemlich gut Bescheid. Sie wissen, dass er einen Mann liebt, der Arzt ist und Jörn Kubicki heißt. Sie wissen, dass er mit Sabine Christiansen befreundet ist, gern kocht und isst, und dass er im Süden Berlins immer noch im Haus seiner Mutter wohnt. Er ist dort auch als Erwachsener nie ausgezogen. Als seine Mutter an Krebs erkrankte, hat Wowereit sie gepflegt.

Was Berlins Bürgermeister möglicherweise selbst nicht ahnt, ist, dass er mit dem engen Verhältnis zum Elternhaus beispielhaft für viele Familien der Zukunft ist. Die demographische Entwicklung wird die Familienstrukturen verändern – und schon heute lässt sie Eltern und ihre Kinder zusammenrücken.

Die abnehmenden Kinderzahlen führen dazu, dass nicht mehr eine Gruppe von Geschwistern gemeinsam Interessen gegenüber Eltern artikulieren kann. Scheidungskinder behandeln ihre allein erziehenden Väter und Mütter wie Ersatzgeschwister. Die ideologischen Differenzen, die noch die 68er von ihren Eltern unterschied, sind vielfach geschwunden. Und vor allem erhöht die schwierige wirtschaftliche Lage die gegenseitige Abhängigkeit.

Nie war das Verhältnis junger Erwachsener zu ihren Eltern so gut wie heute, die Zeit harter Generationenkonflikte ist vorbei. Bei einer Jugendstudie der Universität Siegen, für die achttausend Teenager im Alter zwischen zehn und 18 Jahren befragt wurden, belegten die eigenen Eltern einen Spitzenplatz in der Liste der Vorbilder – noch vor Popstars und vor Spitzensportlern. Der Anteil junger Menschen, die ihre Kinder genauso erziehen würden, wie sie selbst erzogen worden sind, ist innerhalb der vergangenen 15 Jahre von 53 auf 72 Prozent gestiegen. »Wir mochten unsere westdeutschen Freunde wirklich«, schreibt die junge ostdeutsche Buchautorin Jana Hensel (»Zonenkinder«) über allzu aufdringliche Familienharmonie. »Aber dass sie ihre Eltern überall mit hinschleppten, mit ihnen in ihr Lieblingscafé gingen, ihnen die Hörsäle und die Mensa zeigten und gemeinsam mit ihren Müttern wie verliebt Arm in Arm über den Flohmarkt schlenderten, das hatte uns schon immer genervt.«

Der friedfertige Umgang der Generationen schlägt sich seit einigen Jahren auch in den Wohnverhältnissen nieder – immer mehr junge Menschen schätzen das Modell Wowereit und ziehen erst spät zu Hause aus. Etwa ein Drittel der 18- bis 25-jährigen Deutschen lebt noch zu Hause. Das durchschnittliche Auszugsalter liegt heute für Frauen bei 23 Jahren und für Männer bei 24 Jahren, Experten rechnen damit, dass es in Zukunft weiter steigt. In anderen Industriestaaten ist dieser Trend sogar noch ausgeprägter: Mehr als 18 Millionen junge Amerikaner im Alter zwischen 18 und 34 wohnen noch bei ihren Eltern – das sind immerhin 38 Prozent aller Singles im Erwachsenenalter. Seit den siebziger Jahren ist die Zahl kontinuierlich gestiegen. Bei einer Umfrage unter College-Studenten erklärten 56 Prozent, sie planten, in einer späteren Lebensphase wieder bei ihren Eltern zu leben. »*Boomerang Kids*« nennen Fachleute solche Spätheimkehrer.

In einigen europäischen Ländern ist die Entwicklung ähnlich. »Eines der ersten Dinge, die alte Menschen taten, als sie wohlhabender wurden, war, bei ihren Kindern auszuziehen«, konstatierte der *Economist*. »Jetzt passiert das Gegenteil: Die erwachsenen Kinder ziehen ein bei Mum und Dad.«

Der Berliner Soziologieprofessor Bertram sieht im Trend zum »Hotel Mama« gar einen Grund für den Rückgang der Geburtenraten: Wer sich vom Elternhaus nicht lösen könne oder wolle, neige auch weniger dazu, früh selbst eine Familie zu gründen.

In der gealterten Gesellschaft könnte daraus der Trend zum »Hotel Großmama« werden. Viel spricht dafür, dass in der Altengesellschaft der Zukunft der Zusammenhalt zwischen den Generationen eher noch steigen wird – die Familien werden aber anders aussehen als bisher. Amerikanische Soziologen haben dafür den Begriff der »Bohnenstangen-Familie« erfunden. Gemeint ist damit, dass es weniger Verwandte der gleichen Generation geben wird – weniger Geschwister, Cousinen und Cousins. Dafür werden mehr Angehörige verschiedener Generationen zu einer Familie gehören – und es wird sie mehr verbinden als bisher. Eltern und Kinder haben im Durchschnitt eine gemeinsame Lebenszeit von fünfzig bis sechzig Jahren, Großeltern erleben oft die Heirat ihrer Enkel, mehr Menschen werden ihre Urenkel oder gar Ururenkel kennen lernen.

Die klassische Kleinfamilie hingegen ist durch den Anstieg der Lebenserwartung vermutlich eher gefährdet. Ohnehin steigen seit Jahren die Scheidungszahlen, in deutschen Großstädten wird jede dritte Ehe aufgelöst. Wer damit rechnet, neunzig zu werden, dürfte noch häufiger im Leben mit dem Gedanken an Neuanfänge spielen und sich neue Partner suchen. Mehr Menschen werden es halten wie die berühmte Anthropologin Margaret Mead, die von sich sagte: »Ich war dreimal verheiratet, und jede Heirat war erfolgreich. Beim ersten Mal ging es um romantische Gefühle, das zweite Mal um die Gründung einer Familie, das dritte Mal um Gesellschaft.«

Umso wichtiger werden andere Bindungen, etwa zu den Großeltern. Die Berliner Familienstudie hat gezeigt, dass die Rentner bisher meist in der Nähe der Kinder leben – weniger als ein Drittel der Deutschen im Rentenalter wohnt mehr als eine Autostunde von seinen Kindern entfernt. Wegen der rückläufigen Geburtenzahlen haben sie im Schnitt deutlich weniger Enkel als zuvor: Hatten früher häufig vier Kinder die gleiche Oma, wird es künftig mehr Familien geben, in der ein Einzelkind ganz allein die Zuwendung von vier Großeltern erhält. Scheidungskinder könnten davon profitieren – die Familie bleibt bestehen, auch wenn ein Teil nicht funktioniert.

Die alternden Babyboomer der Vereinigten Staaten haben die Wonnen des Daseins als *grandma* oder *granddad* bereits stärker als ihre deutschen Altersgenossen entdeckt. Viele Unternehmen machen damit bereits ein Geschäft; einige bieten Familienurlaube für Großeltern und ihre Enkel an, Spielzeughersteller richten ihre Werbung gezielt auf die jungen Grauhaarigen aus. Filmstars wie Billy Crystal, mit 56 Jahren einer der jüngeren Babyboomer, kokettieren mit ihren Erfahrungen mit den Kindern ihrer Kinder. Er veröffentlichte ein Buch für seine Enkelin Ella mit dem Titel »Ich weiß schon jetzt, dass ich dich liebe« – und gab dazu ein Interview im Mitgliedermagazin der Rentnerlobby AARP. Offenbar gilt das nicht als imageschädigend. »Vergesst den Oscar«, titelte das Magazin. »Was Billy Crystal wirklich liebt, ist Großvater zu sein.«

9. Neue Soziale Fragen

Stellen wir uns vor, zu Beginn des zwanzigsten Jahrhunderts hätte sich jemand an einem ähnlichen Ausblick wie diesem Buch versucht. Hätte er eine Chance gehabt, die bevorstehenden Veränderungen zu erfassen? Auf den ersten Blick erscheint das abwegig: Er hätte weder die beiden Weltkriege vorhersagen können noch daraus hervorgehende Spannungen wie den Ost-West-Konflikt der Nachkriegszeit. Er hätte gesellschaftliche Veränderungen, wie sie etwa durch die Anti-Baby-Pille ausgelöst wurden, nicht erahnt, von Neuerungen wie der Gentechnologie ganz zu schweigen.

Einiges andere, das für das zwanzigste Jahrhundert prägend werden sollte, hätte er hingegen darstellen können – etwa den Gegensatz von Industriearbeiterschaft und Kapital. Nicht jede detaillierte Prognose wäre stichhaltig gewesen, ein Ausblick hätte aber einige Konflikte der Zukunft durchaus erfassen können.

Mit der demographischen Entwicklung verhält es sich genauso: Es sind viele Veränderungen denkbar, die alle beschriebenen Szenarien hinfällig werden lassen – Kriege, Naturkatastrophen, technologische Neuerungen. Auch die Lernfähigkeit des Menschen ist nicht zu unterschätzen. Es gibt das Phänomen der *self-fulfilling prophecy*, aber auch das genaue Gegenteil: Mitunter treten Prognosen gerade deswegen nicht ein, weil sie ernst genommen werden und menschliches Verhalten ändern. Die Umweltbewegung hat das gelegentlich erlebt.

Weil sich aber demographische Trends nur sehr langfristig verändern lassen, weil nichts darauf hindeutet, dass etwa die Zahl der Geburten sehr schnell und sprunghaft steigen wird, werden die kommenden Jahrzehnte durch die Alterung der Menschen geprägt werden. Zu den größten Irrtümern der Vergangenheit dürfte dann gezählt werden, was über den Kampf der Generationen geschrieben worden ist: Der Streit zwischen Jung und Alt werde die Konflikte zwischen Arm und Reich zwangsläufig ersetzen.

Das ist schon deswegen falsch, weil Angehörige verschiedener Generationen derzeit gut miteinander auskommen und sich dies auch nicht zu verändern scheint. Für Deutschland ist das besonders bemerkenswert, weil die Zugehörigkeit zu einer bestimmten Generation häufig sehr wichtig für die Bildung von Identitäten war und sich das Rebellionsbedürfnis häufiger als in anderen Ländern zwischen verschiedenen Jahrgängen entlud.

Die Trennlinien der Zukunft werden andere sein. »Demographisch bedingter Verteilungsstress wird die Welt von morgen in kaum gekannter Weise prägen«, schreibt der Bevölkerungsforscher Herwig Birg. Dieser Stress entsteht beispielsweise, wenn eine anhaltend hohe Zahl von Zuwanderern in Zeiten schrumpfender Sozialetats integriert werden muss. Für Stress können auch die Gegensätze zwischen Eltern und Kinderlosen sorgen. Mit dem Alter werden diese Unterschiede gewichtiger. Bei der Gruppe der unter Vierzigjährigen sind die Gemeinsamkeiten von Frauen mit und ohne Kinder noch größer, als häufig angenommen wird – trotz aller unbestreitbaren Unterschiede in der finanziellen Ausstattung und im Lebensgefühl. Die Gemeinsamkeiten rühren beispielsweise daher, dass Arbeitgeber bei Bewerberinnen dieser Altersgruppe oft nicht zwischen Frauen mit und ohne Kinder unterscheiden, sondern zwischen Müttern und potenziellen Müttern, also Frauen, die möglicherweise monatelang für einen Job nicht zur Verfügung stehen.

Für die härtesten Verteilungskämpfe dürfte jedoch die Kombination aus steigenden Erbschaften, rückläufigen Sozialleistungen und Anforderungen der Wissensgesellschaft sorgen. Die sozialen Gegensätze werden härter und sichtbarer werden – und die Politiker der alternden Gesellschaften werden versuchen müssen, gleichzeitig die wachsende Ungleichheit und unrealistische Gleichheitserwartungen ihrer Wähler zu bezähmen.

Die Verlierer dieses Prozesses sind heute schon auf der Welt. Die Kinder von heute, die Erwerbstätigen der gealterten Gesellschaft von morgen, wachsen in Deutschland mit extrem unterschiedlichen Bildungschancen auf. Ein großer Teil stammt aus unterprivilegierten Familien, die hierzulande besonders kinderreich sind – auf der anderen Seite der sozialen Skala erhält eine abnehmende Zahl von Akademikerkindern Aufmerksamkeit, Zuwendung und Förderung wie keine Generation zuvor. Wer Anschauung wünscht, besuche die Einschulung von Erstklässlern einer Schule mittelprächtiger oder guter Wohngegenden – und beobachte die große Zahl von Eltern, Tanten, Großeltern und Freunden, die sich stolz im Hintergrund drängen.

Schon heute wird viel zu oft pauschal von »den Alten« gesprochen. Die Variationsbreite unter Gleichaltrigen sei enorm, schreibt der Altersforscher Baltes: »Das Alter von sechsjährigen Kindern schätzt man meist recht genau ein, bei Fünfundsiebzigjährigen dagegen liegt man oft daneben. Diejenigen, die beispielsweise an einem Schulfest zur fünfzigsten oder sechzigsten Wiederkehr des Schulanfangs teilgenommen haben, können dies bestätigen. Wenn man in den Raum kommt, glaubt man, einige hätten ihre Kinder und andere ihre Eltern mitgebracht, obwohl alle gleichaltrig sind.«

In Zukunft werden die Unterschiede noch größer sein – auch wegen der absehbaren Veränderungen im Gesundheitssystem. Der Markt für Produkte, die Gesundheit und jugendliches Aussehen im Alter bescheren, wird in Zukunft deutlich größer sein. Nicht jeder wird sie sich leisten können – und das wird man den Menschen ansehen: An den Haaren, an der Haut, an den Zähnen und der Art, sich zu bewegen. Einige Verlierer stehen jetzt schon fest: Viele der schlecht ernährten Jugendlichen von heute haben keine guten Chancen, sehr alt zu werden. In Deutschland sind nach offiziellen Angaben inzwischen jeder dritte Jugendliche und jedes fünfte Kind übergewichtig, der Anteil der Fettleibigen hat sich seit 1975 verdoppelt. Beim Tabakkonsum steht der deutsche Nachwuchs im europäischen Vergleich an der Spitze. Je vitaler und gesünder die Alten werden, desto mehr lässt offensichtlich die Gesundheit ihrer Enkel nach. Demographieexperten wie Reiner Klingholz vom Berlin-Institut misstrauen daher offiziellen Bevölkerungsprognosen, wonach die Lebenserwartung für alle Teile der Gesellschaft gleichermaßen steigt.

Die Wohlhabenden hingegen werden stärker als bisher von Erbschaften profitieren – auch wenn die Generation der 68er den Ruhestand möglicherweise stärker genießen will und ihren Kindern möglicherweise weniger hinterlässt, als frühere Jahrgänge es noch getan haben. In den kommenden zwanzig Jahren werden 15 Millionen Haushalte Vermögen im Wert von zwei Billionen Euro erhalten. Dieses Geld wird sich sehr ungleich verteilen – zwischen den sozialen Schichten, aber auch zwischen Ost und West: In den neuen Bundesländern fallen die Hinterlassenschaften viel niedriger aus. Erben ist ungerecht.

Und schon bevor Eltern oder Großeltern ihren Nachkommen etwas hinterlassen, wird ihr Einkommen wichtiger für den Status der Nachkommen sein: Je weniger Geld der Staat für die Ausbildung, die Altersversorgung oder das Gesundheitssystem ausgeben kann, desto wichtiger wird die Familiensolidarität. Mit der steigenden Zahl von Pflegebedürftigen kommen neue Lasten auf die Angehörigen von Kranken zu. Aber auch eine gute Ausbildung wird eher zur Familienangelegenheit. Einige Familien wird das zerrütten und andere zusammenschweißen. Mancher wird unter der Doppelbelastung für Kinder und Eltern ächzen, andere werden dafür ihren Nachkommen besonders nahe stehen.

Die Deutschen sind für alle diese Veränderungen nicht gut vorbereitet. Sozialpolitik wird hierzulande gern missverstanden als Sozial*versicherung*spolitik, als Gesetzgebung für die Rentenversicherung und für die Krankenkassen. So bedeutend diese Bereiche gerade für die Altengesellschaft von morgen sind, so falsch ist es, die viel wichtigeren Bereiche zu übersehen: Die Förderung der Erwerbstätigen von morgen – der Kinder und Jugendlichen. In Japan steht genau das im Zentrum der Demographiedebatte: Die Sorge, dass es in Zukunft nicht genug junge Arbeitskräfte gibt, führt dazu, sich um die vorhandenen Jungen besonders zu bemühen. Dass eine bestimmte Szene junger Japaner eher mit einem Aussteigerdasein liebäugelt, wird auch deswegen stets breit debattiert.

In Deutschland sind viele Kinder und Jugendliche längst ausgestiegen, ohne es zu wollen und oft ohne es zu wissen. Über die schlecht ernährten Teenager mit Alterskrankheiten wie Diabetes schreiben Forscher bereits, es könne die erste Generation sein, die vor ihren Eltern stirbt. Sie brauchen nicht nur bessere Schulen und Arbeitsplätze, sondern müssen vor allem lernen, ein Leben zu planen, sich selbst zu organisieren – erst recht, wenn ein menschliches Dasein künftig viel länger dauert als bisher.

Die Rentnerorganisationen sprechen gern darüber, was die Gesellschaft ihnen schuldet. Von ihnen kann in Zukunft erwartet werden, selbst mehr an die Jüngeren zurückzugeben: Nicht nur an die eigenen Enkel – auch andere Kinder und Jugendliche brauchen Zuwendung, Aufmerksamkeit, Zeit und Engagement. Der dänische Soziologe Gøsta Esping-Andersen hat die sozialpolitische Agenda der Altenrepublik treffend beschrieben: Als Deutschland jung war, wurden die sozialen Sicherungssysteme ausgebaut, gerade für das Alter. Jetzt, wo Deutschland altert, brauchen Kinder, Jugendliche und Familien Unterstützung.

Literaturverzeichnis

Badinter, Elisabeth: Die Wiederentdeckung der Gleichheit, Paris 2003

Baltes, Paul B.: Das hohe Alter – mehr Bürde als Würde?, in: *fundiert* 01/ 2004, S. 10

Baltes, Paul B.: Das Zeitalter des permanent unfertigen Menschen. Lebenslanges Lernen verlangt einen Wechsel von sequenzierten zu parallelisierten Bildungsverläufen, in: *Personalführung* Heft 6/2002, S. 24–33

Baltes, Paul B.: Der Generationenkrieg kann ohne mich stattfinden, in: *Frankfurter Allgemeine Zeitung* vom 12. Mai 2004

Baltes, Paul B./Smith, Jacqui: New Frontiers in the Future of Aging: From Successful Aging of the Young Old to the Dilemmas of the Fourth Age, in: *Gerontology 49* (2003), S. 123–135

Beauvoir, Simone de: Das Alter. Essay, Reinbek 2000

Bertelsmann Stiftung/Bundesvereinigung der Deutschen Arbeitgeberverbände (Hg.): Erfolgreich mit älteren Arbeitnehmern. Strategien und Beispiele für die betriebliche Praxis, Gütersloh 2003

Birg, Herwig: Die demographische Zeitenwende. Der Bevölkerungsrückgang in Deutschland und Europa, München 2002

Birg, Herwig: Generationenstress, in: *Frankfurter Allgemeine Zeitung* vom 2. April 2004

Blech, Jörg: Die Krankheitserfinder. Wie wir zu Patienten gemacht werden, Frankfurt/Main 2004

Börsch-Supan, Axel: Aus der Not eine Tugend. Die Zukunft der alternden Gesellschaft, in: *Frankfurter Allgemeine Zeitung* vom 14. August 2004

Bobbio, Noberto: Vom Alter – De senectute, 5. Aufl., Berlin 2004

Bosworth, Barry/Burtless, Gary (Hg.): Aging Societies. The Global Dimension, Washington 1998

Brasche, Ulrich/Wieland, Susanne: Alter und Innovation. Befunde aus der Beschäftigtenstatistik, in: *Vierteljahreshefte zur Wirtschaftsforschung* 69 (2000), H.1., S. 124–141

Brost, Marc/Rohwetter, Marcus: Das große Unvermögen. Warum wir beim Reichwerden immer wieder scheitern, Weinhcim 2004

Büro gegen Altersdiskriminierung e.V. (Hg.): Lebensalter und Diskriminierung. Dokumentation und Auswertung des ersten bundesweiten Beschwer detages zum Thema Altersdiskriminierung, Köln 2002

Bundesministerium für Verkehr, Bau- und Wohnungswesen: Fachdokumentation zum Bundeswettbewerb »Stadtumbau Ost«. Expertisen zu städtebaulichen und wohnungswirtschaftlichen Aspekten des Stadtumbaus in den neuen Ländern, Bonn/Berlin 2002

Busse, Nikolaus: Schrumpfender Einfluss. Wie die Alterung der Gesellschaft die Außenpolitik schwächt, in: *Frankfurter Allgemeine Zeitung* vom 10. Dezember 2002

Carey, James R./Tuljapurkar, Shripad (Hg.): Life Span. Evolutionary, Ecological, and Demographic Perspectives, New York 2003

Deutsche Bank Research: Aktuelle Themen. Demografie Spezial, Nr. 294 vom 28. April 2004

Deutsche Bank Research: Aktuelle Themen, Nr. 296 vom 2. Juni 2004

Dingeldey, Irene (Hg.): Erwerbstätigkeit und Familie in Steuer- und Sozialversicherungssystemen. Begünstigungen und Belastungen verschiedener familiarer Erwerbsmuster im Ländervergleich, Opladen 2000

Downes, Peggy u.a.: The New Older Woman. A Dialogue for the Coming Century, Berkeley 1996

Dychtwald, Ken: Age Power. How the 21st Century will be ruled by the New Old, New York 1999

Dychtwald, Maddy: Cycles. How we will live, work, and buy, New York 2003

Ehrenreich, Barbara/Hochschild, Arlie Russel (Hg.): Global Woman. Nannies, Maids, and Sex Workers in the New Economy, New York 2002

Felderer, Bernhard/Sauga, Michael: Bevölkerung und Wirtschaftsentwicklung, Frankfurt/Main/New York 1988

Fertig, Michael/Schmidt, Christopher M.: Gerontocracy in Motion? European Cross-Country Evidence on the Labor Market Consequences of Population Aging, Essen 2003 (= RWI Discussion Papers, No. 8)

Franke, Martin/Geene, Raimund/Luber, Eva (Hg.): Armut und Gesundheit, Berlin 1999 (= Materialien zur Gesundheitsförderung, Bd. 1)

Frantzen, Jonathan: Die Korrekturen, Reinbek 2001

Freedman, Marc: Prime Time. How Babyboomers will revolutionize Retirement and transform America, New York 1999

Friedan, Betty: Mythos Alter, Reinbek 1997

Geissler, Christa/Held, Monika: Generation Plus. Von der Lüge, dass Altwerden Spaß macht, Berlin 2003

Gronemeyer, Reimer: Kampf der Generationen, München 2004

Heinsohn, Gunnar: Machtfaktor Söhne. Die weltpolitischen Konflikte der

Zukunft werden durch die demographische Entwicklung in der Dritten Welt bestimmt, in: *Financial Times Deutschland* vom 11. Juni 2004
Hensel, Jana: Zonenkinder, Reinbek 2002
Hewitt, Paul S.: Die Geopolitik des globalen Alterungsprozesses, in: *Frankfurter Allgemeine Zeitung* vom 23. März 2004
Hohmeier, Jürgen/Pohl, Hans-Joachim (Hg.): Alter als Stigma oder Wie man alt gemacht wird, Frankfurt/Main 1978

Jaeggi, Eva: Viel zu jung, um alt zu sein. Das neue Lebensgefühl ab sechzig, Reinbek 2001

Kanazawa, Satoshi: Why productivity fades with age: The crime-genius connection, in: *Journal of Research in Personality* 37 (2003), S. 257–272
Kaufmann, Jean-Claude: Schmutzige Wäsche. Zur ehelichen Konstruktion von Alltag, Konstanz 1994
Klingholz, Reiner: Machen junge Männer Krieg? Gunnar Heinsohns wilde Thesen – und eine Berliner Studie zur Weltbevölkerung, in: *Die Zeit* vom 26. Februar 2004
Koch, Inge Lona/Koch, Rainer: Sag nie, ich bin zu alt dafür. Erotik und Sex ab fünfzig. Achtundzwanzig Liebesläufe von Männern und Frauen, Berlin 2003
Kohli, Martin/Künemund, Harald (Hg.): Die zweite Lebenshälfte. Gesellschaftliche Lage und Partizipation im Spiegel des Alters-Survey, Opladen 2000
Kohli, Martin/Szydlik, Marc (Hg.): Generationen in Familie und Gesellschaft, Opladen 2000
Klose, Hans-Ulrich (Hg.): Altern der Gesellschaft. Antworten auf den demographischen Wandel, Köln 1993
Kommission für die Nachhaltigkeit in der Finanzierung der Sozialen Sicherungssysteme (»Rürup-Kommission«): Abschlussbericht, Berlin 2003
Kralinski, Thomas: Zwischen halb voll und halb leer. Wie die Bevölkerungsentwicklung Land und Leute prägt. Und verändern wird, in: *Perspektive 21. Brandenburgische Hefte für Wissenschaft und Politik*, Heft 20 (Dezember 2003), S. 13–25
Krieb, Christine/Reidl, Andreas: Seniorenmarketing. So erreichen Sie die Zielgruppe der Zukunft, Landsberg 2001
Kröhnert, Steffen/Olst, Nienke van/Klingholz, Reiner: Deutschland 2020. Die demographische Zukunft der Nation, Berlin 2004
Kursbuch 135 (März 1999): Die Erbengesellschaft
Kursbuch 151 (März 2003): Das Alter

Landesregierung Brandenburg: Bericht zu den Auswirkungen der demografischen und wirtschaftsstrukturellen Veränderungen in Brandenburg (Landtag Brandenburg, 3. Wahlperiode, Drucksache 3/7088, 24. Februar 2004)

Lau, Jörg: Männerhass und Männerselbsthass als kultureller Mainstream, in: *Merkur*, 58. Jg. August/September 2004
Lehr, Ursula: Psychologie des Alters, 10. Aufl., Wiebelsheim 2003
Löwisch, Manfred/Caspers, Georg/Neumann, Daniela: Beschäftigung und demographischer Wandel. Beschäftigung älterer Arbeitnehmerinnen und Arbeitnehmer als Gegenstand von Arbeits- und Sozialrecht, Baden-Baden 2003
Liebmann, Heike/Robischon, Tobias (Hg.): Städtische Kreativität – Potenzial für den Stadtumbau, Erkner/Darmstadt 2003
Longman, Phillip: The Empty Cradle. How falling Birthrates threaten world prosperity and what to do about it, New York 2004

Miegel, Meinhard: Die deformierte Gesellschaft. Wie die Deutschen ihre Wirklichkeit verdrängen, Berlin/München 2002

National Research Council u. a.: Preparing for an Aging World. Executive Summary, Washington 2001

Opaschowski, Horst W.: Deutschland 2020. Wie wir morgen leben – Prognosen der Wissenschaft, Wiesbaden 2004
Opaschowski, Horst W.: Der Generationenpakt. Das soziale Netz der Zukunft, Darmstadt 2004

Pearson, Allison: Working Mum. Roman, Reinbek 2003
Perspektive 21. Brandenburgische Hefte für Wissenschaft und Politik, Heft 20 (Dezember 2003): Der Letzte macht das Licht aus?! Demographie, Abwanderung und Politik in Ostdeutschland
Perspektive 21. Brandenburgische Hefte für Wissenschaft und Politik, Heft 24 (August 2004): »Von Finnland lernen?!«
Peterson, Peter G.: Gray Dawn: The Global Aging Crisis, in: *Foreign Affairs*, Januar/Februar 1999, S. 42–55
Pipher, Mary: Another Country. Navigating the emotional Terrain of our Elders, New York 1999
Prosperität in einer alternden Gesellschaft. Mit Beiträgen von Herwig Birg u. a., Bad Homburg 2000

Reindl, Josef u. a.: Für immer jung? Wie Unternehmen des Maschinenbaus dem demographischen Wandel begegnen, Frankfurt/Main 2004
Rentenreform – Lehren von draußen. Mit Beiträgen von Gert Dahlmanns u. a., Bad Homburg 1997
Riehl-Heyse, Herbert: Jugendwahn und Altersstarrsinn. Mein ganz persönlicher Generationenkonflikt – ein Fragment – und ausgewählte Texte aus dem letzten Lebensjahr, München 2003

Roggenkamp, Viola: Frau ohne Kind. Gespräche und Geschichten – eine Tafelrunde, Hamburg/Wien 2004

Rosenschon, Astrid: Familienförderung in Deutschland – eine Bestandsaufnahme, Institut für Weltwirtschaft Kiel 2001 (Kieler Arbeitspapier Nr. 1071)

Rothkirch, Christoph von (Hg.): Altern und Arbeit: Herausforderung für Wirtschaft und Gesellschaft. Beiträge, Diskussionen und Ergebnisse eines Kongresses mit internationaler Beteiligung, Berlin 2000

Schader-Stiftung (Hg.): Wohn:Wandel. Szenarien, Prognosen, Optionen zur Zukunft des Wohnens, Darmstadt 2001

Schirrmacher, Frank: Das Methusalem-Komplott, München 2004

Schlaffer, Hannelore: Das Alter. Ein Traum von Jugend, Frankfurt/Main 2003

Schmidbauer, Wolfgang: Altern ohne Angst. Ein psychologischer Begleiter, Reinbek 2003

Stephan, Cora: Gefühltes Alter, in: *Kursbuch 151* (März 2003): Das Alter, S. 25

Tichy, Roland/Tichy, Andrea: Die Pyramide steht Kopf. Die Wirtschaft in der Altersfalle und wie sie ihr entkommt, München/Zürich 2001

Vaupel, James: Deutschlands größte Herausforderung, in: *Frankfurter Allgemeine Zeitung* vom 8.4.2004

Ver.di Wirtschaftspolitik: Mythos Demografie, Berlin 2003

Wolff, Heimfried/Spieß, Katharina/Mohr, Henrike: Arbeit – Altern – Innovation, Wiesbaden 2001

ZEIT-dokument 2/2004: Land ohne Leute. Eine *ZEIT*-Serie, Hamburg, 2004

Danksagung

Nach dem Schreiben dieses Buches werde ich dem Alter gefasst entgegen sehen. An seiner Entstehung waren viele Menschen beteiligt, und dafür möchte ich Gesprächspartnern, Kollegen und Freunden danken: Für Anregungen und Einsichten Richard Jackson, Bert Rürup, James Vaupel, Marc Freedman sowie sämtlichen Mitgliedern der Kommission »Familie und Demographischer Wandel« der Robert-Bosch-Stiftung. Bert Rürup möge mir insbesondere verzeihen, dass ich in meiner Einleitung seine Rentenformel madig mache.

Der German Marshall Fund hat im März 2004 Recherchen in den Vereinigten Staaten ermöglicht, die mir sehr weitergeholfen haben. Andreas Brandhorst, Uta Bielfeldt und Jörg Lau danke ich für aufmerksame Lektüre einzelner Kapitel Priska Jones für Recherchen und Uwe Jean Heuser und Bernd Ulrich dafür, dass sie dieses Projekt unterstützt haben. Nina Bschorr, meine Lektorin im S. Fischer Verlag, hat meine Arbeit mit viel Verständnis und Enthusiasmus begleitet.

Alexander Cammann gebührt besonderer Dank, als kritischer Leser und als Freund.

Ach ja: Regine Sylvester danke ich für den Kaffee in ihrer Altbauwohnung in Berlin-Mitte.